职业教育高速铁路客运服务专业系列教材

高速铁路动车乘务实务

王　越　李美楠　主　编
万　龙　副主编

人民交通出版社
北京

内 容 提 要

本教材为职业教育高速铁路客运服务专业系列教材之一。全书主要内容包括高速铁路动车客运乘务作业、客运业务作业、移动设备运用、运输收入管理、客运安全管理和突发事件应急处理等客运乘务岗位典型工作。

教材采用"项目—情境"编写模式，以活页式呈现，配套数字资源，增强了学习的直观性和趣味性。使学生在掌握相关知识的基础上，通过任务实施训练，构建以学生为主体的教学模式，多元化评价反馈训练结果。

本教材可作为职业教育高速铁路客运服务专业教材，也可作为列车长、列车员岗位客运服务作业技能的培训教材。

本教材配套课件、实训资料等教学资源，任课教师可加入"职教铁路教学研讨群（QQ群：211163250）"获取。

图书在版编目（CIP）数据

高速铁路动车乘务实务 / 王越，李美楠主编.
北京：人民交通出版社股份有限公司，2025.4.
ISBN 978-7-114-19771-0
Ⅰ．U293.3
中国国家版本馆 CIP 数据核字第 2024DR4350 号

职业教育高速铁路客运服务专业系列教材
Gaosu Tielu Dongche Chengwu Shiwu

书　　名：	高速铁路动车乘务实务
著 作 者：	王　越　李美楠
责任编辑：	杨　思
责任校对：	赵媛媛　魏佳宁
责任印制：	张　凯
出版发行：	人民交通出版社
地　　址：	(100011) 北京市朝阳区安定门外外馆斜街 3 号
网　　址：	http://www.ccpcl.com.cn
销售电话：	(010) 85285911
总 经 销：	人民交通出版社发行部
经　　销：	各地新华书店
印　　刷：	北京市密东印刷有限公司
开　　本：	787×1092　1/16
印　　张：	14
字　　数：	308 千
版　　次：	2025 年 4 月　第 1 版
印　　次：	2025 年 4 月　第 1 次印刷
书　　号：	ISBN 978-7-114-19771-0
定　　价：	45.00 元

(有印刷、装订质量问题的图书，由本社负责调换)

前言

编写背景

为适应高速铁路(简称高铁)客运行业的快速发展,贯彻落实《国家职业教育改革实施方案》(国发〔2019〕4号)、《职业院校教材管理办法》(教材〔2019〕3号)等文件精神,推进现代学徒制、"岗课赛证"综合育人等人才培养模式改革,编写团队编写了本教材。教材根据高速铁路客运服务专业教学标准,遵循职业教育育人规律,采用活页式教材编写模式。教材以学生为中心,结合企业生产流程,设计学习情境,切实提高学生核心职业能力。

编写特点

《国家职业教育改革实施方案》(国发〔2019〕4号)提出,倡导使用新型活页式教材。本教材结合职业教育新理念、新特点、新要求,让教材真正"活"起来,更好服务高素质技术技能型人才培养。

1. 以学生为中心,教材理念"活"

教材以专业教学标准为依据,适应现代学徒制、"岗课赛证"综合育人新理念,采用"项目—情境"编写模式,实施"教、学、做"一体化的项目式教学。针对企业岗位技能要求,根据铁路运输企业真实生产场景创设学习情境,通过分组制订工作计划、自主获取知识信息、合作实施任务、多元评价反馈,进行了"以学生为中心"的教学设计和实施,重点提升学生核心专业能力,同时培养学生合作、自主、探究学习等可持续发展能力。

2. 以实用为标准,教材内容"活"

在教材编写过程中,邀请中国铁路沈阳局集团有限公司、中国铁路北京局集团有限公司等企业一线和管理人员共同参与教材编写,根据高速铁路运输企业客运乘务岗位生产实际,以职业能力为本位,制定本书的结构和内容,将企业的真实项目、典型任务、生产案例编入教材,力求实用为主,真实生动,满足岗位人才培养需要。同时,教材内容融入企业最新的岗位标准、设备设施和管理规范,课程内容与岗位标准、职业标准、职业技能竞赛标准、职业技能等级证书标准对接,大大增强了专业教材的实用性。

3. 以灵活为特色,教材形式"活"

教材采用活页形式。随着政策变化、技术迭代和行业产业的不断升级,可以活页的形式及时将新理念、新政策、新技术、新标准、新规范和最新思政案例等补充到教材中,实现教材的动态更新,更好地满足教与学的需要。将纸质教材与信息技术相结合,配套开发知识点微课、拓展案例等数字资源,以二维码形式插入教材,建设立体化教学资源。

编写分工

本教材由辽宁铁道职业技术学院王越、李美楠担任主编,万龙担任副主编。具体分工如下:王越负责教材提纲的编制并编写项目4,李美楠编写项目1、2、5、6,万龙编写项目3;参与编写的还有黑龙江交通职业技术学院倪磊(项目2)、李海月(项目5),中国铁路北京局集团有限公司北京南站刘琳蕴(项目1)、中国铁路沈阳局集团有限公司锦州车务段孙建军(项目2)。

致谢

本书的编写引用了大量国内外有关高速铁路客运服务与组织的相关文献,以及中国铁路北京局集团有限公司、中国铁路沈阳局集团有限公司等铁路运输企业的相关标准和资料。在此向有关专家、学者和企业表示衷心感谢。

由于我国高速铁路运输企业经营管理、标准规范、设施设备等更新换代快,编者水平有限,书中不足之处恳请广大读者批评指正。

编 者

2024 年 12 月

活页式教材使用说明

为贯彻执行《国家职业教育改革实施方案》(国发〔2019〕4号)中"倡导使用新型活页式、工作手册式教材并配套开发信息化资源"的理念,方便教学者和学习者根据教学需求灵活调整,本教材采用活页式形式,实现"教材""学材"的融合和提升。

本活页式教材的主要特点如下:

1. 方便教学内容组合与动态更新

(1)教材内容采用项目化、情境化设计,方便教学团队组织教学,同时可以根据教学需求调整教学顺序;

(2)教学过程可根据使用对象、不同专业的教学需求,替换、添加和删减教学内容;

(3)可结合行业新技术、新设备,以及行业热点、最新时事、典型案例等,随时补充教学素材和参考资料,同时也能更好地融入课程思政案例;

(4)能促进"岗课赛证"融通,将岗位职业技能、专业教学标准、行业技能竞赛、职业技能鉴定证书等内容灵活地融入教材;

(5)教学评价科学化、多元化,教学实训工单收集和反馈方便。

2. 方便学习材料整理与灵活使用

(1)可随时添加学习笔记到教材对应位置,方便使用者学习;

(2)可根据上课内容携带相应的资料,简单方便,为学生减负;

(3)可灵活添加学习辅助资料,如技术资料、工作页续页等;

(4)社会学习者可根据自学进度调整教材顺序。

数字资源列表

资源使用说明：

1. 扫描封面二维码，注意每个码只可激活一次；

2. 长按弹出界面的二维码关注"交通教育出版"微信公众号并自动绑定资源；

3. 公众号弹出"购买成功"通知，点击"查看详情"，进入后即可查看资源；

4. 也可进入"交通教育出版"微信公众号，点击下方菜单"用户服务—图书增值"，选择已绑定的教材进行观看。

序号	资源名称
1	乘务作业流程
2	不符合乘车条件的处理
3	携带违禁物品进站乘车案例
4	站车无线交互系统终端功能介绍
5	动车组列车消防安全知识
6	动车组吸烟安全管理
7	动车组列车空调失效处置演练程序
8	动车组列车发生火灾演练程序
9	动车组列车火灾处置
10	动车组列车旅客突发急病演练程序
11	旅客突发急病的处理

"岗课赛证"融通

国家职业标准	"岗"——国家职业标准在教材中的融入				
	列车员(四级/中级工)				
	基础知识	安全管理	旅行服务	车容整理	应急处置
项目1			√	√	
项目2	√				
项目3	√				
项目5		√			√
项目6		√			√

"课"——课程教学改革在教材中的融入		
教师活动	学生活动	教学意图
1.课程导入:创设学习情境,带入学习目标 2.布置任务:分小组制订工作计划,获取知识信息 3.讲授新知:针对重点难点答疑解惑,讲授新课 4.组织实施:指导、监督学生实施任务 5.考核评价:多元综合评价小组任务实施,精准反馈	1.明确目标:情境引领,明确学习目标 2.明确任务:分小组制订计划,阅读获取任务相关知识 3.学习新知:课堂学习 4.任务实施:根据学习计划完成实训任务 5.提升进阶:根据评价结果提升改进	1.岗位真实情境引入,直观生动 2.培养合作、自主、探究学习能力 3.引导学生发现和解决问题,培养其创新意识和创新能力 4.通过实训教学环节,促进职业能力提升 5.通过评价反馈,提升自我完善能力

"赛"——职业技能大赛在教材中的融入			
全国职业院校技能大赛	高铁信号与客运组织		
	售票作业	站车作业	应急处置
项目1		√	
项目2	√		
项目3		√	
项目5			√
项目6			√

"证"——职业技能鉴定证书在教材中的融入			
铁路职业技能鉴定证书技能要求	列车员		
	初级	中级	规章
项目1	√	√	√
项目2	√	√	√
项目3	√	√	
项目4		√	√
项目5		√	√
项目6		√	√

目录

| 项目 1 | 高速铁路动车客运乘务作业 | 1 |

 学习情境 1.1 出乘作业 …………………………… 3
 学习情境 1.2 接车作业 …………………………… 8
 学习情境 1.3 始发前作业 ………………………… 14
 学习情境 1.4 始发后作业 ………………………… 19
 学习情境 1.5 途中作业 …………………………… 24
 学习情境 1.6 终到作业 …………………………… 35

| 项目 2 | 高速铁路动车客运业务作业 | 43 |

 学习情境 2.1 不符合乘车条件业务作业 ………… 45
 学习情境 2.2 旅行变更业务处理 ………………… 50
 学习情境 2.3 旅客运输中的特殊情况处理 ……… 57
 学习情境 2.4 旅客携带品及违章携带物品处理 … 62

| 项目 3 | 高速铁路动车移动设备运用 | 73 |

 学习情境 3.1 列车长站车无线交互系统运用 …… 75
 学习情境 3.2 列车员站车交互电子票夹运用 …… 112
 学习情境 3.3 列车移动补票设备运用 …………… 129

| 项目 4 | 高速铁路动车运输收入管理 | 139 |

 学习情境 4.1 票据管理及列车收入管理 ………… 141
 学习情境 4.2 运输收入事故处理 ………………… 148

| 项目 5 | 高速铁路动车客运安全管理 | 155 |

 学习情境 5.1 作业安全与人身安全管理 ………… 157
 学习情境 5.2 消防安全管理 ……………………… 163

项目6　高速铁路动车突发事件应急处理 …………… 175

　　学习情境6.1　高速铁路动车空调失效应急处置 …… 177
　　学习情境6.2　高速铁路动车火灾、爆炸事故
　　　　　　　　应急处置 …………………………… 187
　　学习情境6.3　高速铁路动车旅客突发急病
　　　　　　　　或人身伤害事故应急处置 ………… 199

参考文献 ……………………………………………………… 211

项目 1

高速铁路动车客运乘务作业

奋进力量

G4842次:夜间高铁好梦多

2023年2月6日,农历正月十六,夜幕下的郑州春寒料峭。22:00许,郑州东站灯火通明,众多旅客在8站台有序登乘G4842次列车。元宵节后,随着务工流、学生流等客流的高度叠加,铁路迎来了又一波客流高峰。为满足节后旅客返程出行需求、提高高铁运力,中国铁路郑州局集团有限公司开启高铁"夜间模式"。G4842次列车就是其中一趟,由郑州客运段高铁三队郑渝班组承担值乘任务。

"夜间运行的高铁列车,乘降组织工作比白天难度大,最主要的是旅客疲劳困倦,容易错过到站或将行李物品遗失在列车上。"列车长陈琳说。为做好列车服务工作,她带领班组成员提前1小时出乘,逐一整理着装、提示安全注意事项,并有针对性地进行礼仪培训。

22:20,G4842次列车准时启动。大约15min后,车厢内的灯光逐渐暗淡了下来。"列车启动后,我们随即开展车票查验、行车归整等工作。"陈琳介绍说,"完成这些工作后,我们通过乘务间的智慧屏,将各车厢的灯光调至夜灯模式,并将列车广播音量调低,努力为旅客夜间出行提供安静舒适的乘车环境。"23:00整,列车即将到达邯郸东站。下车旅客在乘务员的提醒下,提前穿好衣服,整理好行李,在座位上等候。

夜已深,人已静。深夜的车厢内一片静谧,旅客们合眼靠在座位上慢慢进入了梦乡。"您好,能帮我调下座位吗?我睡觉打呼噜,怕打扰别人。"23:15,从邯郸东站刚刚上车的一位旅客找到陈琳。"您稍等,现在就帮您协调。"陈琳轻声道。很快,陈琳把这位旅客妥善安排好,并同步了座位信息,方便到站前叫醒。

为了防止旅客因熟睡错过到站,陈琳和同事们利用站车交互系统手持终端整理出中途下车的旅客名单,到站前10min逐一提醒。这一举措,得到了旅客的认可。

"可别嘞,你们甭解释……"列车在黑夜中疾驰,2号车厢内一名旅客用家乡话大声打着电话。发现这一情况后,乘务员王慧颖迅速上前,委婉地劝说这名旅客:"接听电话请尽量到车厢连接处,以免影响其他旅客休息,谢谢您!"这名旅客不好意思地收起电话。"我从郑州东站上车后靠着座位就睡着了,想不到一觉就睡到了北京西站。我平时睡得很轻,特别容易被吵醒。今天的旅途,车厢里很安静,感谢铁路工作人员送给我的'一路好梦'!"

来源:改编自人民铁道网《G4842次:夜间高铁好梦多》

请同学们结合出行实际思考一下,乘务人员在列车上发挥着哪些作用呢?

学习情境1.1 出乘作业

学习情境描述

2024年1月1日,受调图变化影响,你作为列车长收到通知,1月3日要值乘G976次(沈阳南—北京朝阳)列车交路,列车时刻表见表1-1,值乘当天在始发站有一名乘坐轮椅的重点旅客将会在沈阳站上车,终到站是北京朝阳站,席位号是4车1F,需要提供重点服务。

G976次列车时刻表　　　　　　　　　　　　表1-1

站序	站名	到站时间	出发时间	停留时间
01	沈阳南	—	06:49	—
02	沈阳	07:01	07:09	8min
03	阜新	07:56	07:58	2min
04	辽宁朝阳	08:32	08:35	3min
05	牛河梁	09:02	09:04	2min
06	承德南	09:35	09:39	4min
07	北京朝阳	10:30	10:30	—

作为列车长,出乘前一天你要组织班组职工提前来到车队学习室进行集体学习和服务礼仪培训,组织班组学习调图变化、新图时刻表、应急处置流程、消防反恐等知识,并传达车队近期重点工作和安全风险提示。请你编制列车长和列车员的出乘作业计划,组织召开出乘会,按计划完成出乘作业。

学习目标

知识目标

1. 掌握高速铁路动车列车长出乘作业流程和内容。
2. 掌握高速铁路动车列车员出乘作业流程和内容。

技能目标

1. 能按标准规范整理个人仪容仪表。
2. 能按标准作业流程完成乘务组出乘作业。

素质目标

1. 对重点乘务工作做到心中有数,培养一丝不苟的工作态度。
2. 严格遵照质量规范和作业规程执行准备作业,培养严谨认真的工作作风。

任务分组

请同学们自行组队并分配角色,填写表1-2,共同完成乘务组的出乘作业,可邀请其他小组同学充当旅客角色。

学生任务分配表　　　　　　　　　　　表1-2

任务名称：乘务组出乘作业　　　　　　　指导老师：

班级		日期	
班组		组长	
班组成员		任务分工	
姓名	任务角色		

获取信息

引导问题1：高速铁路动车列车长出乘作业包含哪些内容？

引导问题2：高速铁路动车列车员出乘作业包含哪些内容？

引导问题3：高速铁路动车列车长出乘准备工作都有哪些？

引导问题4：高速铁路动车列车长在组织召开出乘会时，主要传达哪些内容？

引导问题5：召开出乘会时，列车长需要收缴哪些物品？

引导问题6：举例说明乘务组出乘准备时需要准备的备品。

制订计划

根据所收集的资料，制订高速铁路动车乘务组出乘工作计划，计划内容包括作业流程、风险分析、安全卡控措施和需要用到的工具或设备清单（表格可另附页），完成表1-3。

高速铁路动车乘务组出乘工作计划　　　　　　表1-3

步骤	作业流程	风险分析	安全卡控措施	工具清单
1				
2				
3				
4				
5				

任务实施

根据学习情境描述，结合高速铁路动车乘务组在出乘作业阶段的分工、实训场地和设备，编制乘务组的出乘作业计划。

评价反馈

日期：　　年　　月　　日

实训项目名称：

成员：　　　　　　　　　　　　　　　　　成绩

序号	评价项目	评分标准	满分	评价			综合得分
				自评	互评	师评	
1	仪容仪表	按规定着装，仪容整洁，符合规范要求，精神状态饱满	10				
2	作业准备	精神状态符合规范要求，按规定准备工具和备品	10				
3	出乘时间、地点	准时到达指定地点，符合规范要求	10				
4	出乘会	重点任务传达明确，命令准确，试题抽考回答准确	20				
5	备品领取	备品无遗漏，核对数量，检查功能	10				
6	派班点名	严肃、认真，符合规范要求	10				
7	作业流程	处置要点齐全，流程合理	10				
8	作业安全	严格执行安全卡控，无安全事故发生	10				
9	职业素养	体现安全生产、组织纪律、敬业精神等	10				

相关知识

一、列车长出乘作业

铁路旅客运输是整个铁路运输的重要组成部门。它的基本任务是最大限度地满足广大人民在旅行上的需要；安全、迅速、准确、便利地运送旅客，努力为旅客创造舒适愉快的旅行环境和细心周到的服务。而列车乘务工作是旅客运输的重要环节，列车乘务服务工作的好坏直接影响到铁路旅客运输的声誉、形象。

1. 出乘准备

列车长按规定时间到段(或车间)报道,接受命令,听取重点工作,了解并掌握文电、调度命令,值乘动车组车型、车号,填写或录入乘务日志。具体作业内容如下:

(1)出乘会前30min到达车队,向车队请示重点工作和乘务要求。

(2)对公文流转的文电进行浏览,并摘录重点工作要求,确保命令准确,无遗漏。

(3)核对乘务名单,核实当趟考勤情况。

(4)在乘务日志上填写本趟工作要求及安全要点。

(5)在客运管理信息系统中登记出乘。

2. 召开出乘会

列车长在出乘阶段要召开出乘会,具体作业内容如下:

(1)检查乘务人员仪容仪表、着装、职务标志、证件(上岗证、健康证、红十字会会员证)及安全风险卡,确保人员着装规范、佩戴职务标志(图1-1)、仪容整洁,证件齐全、有效、记录完整。

(2)传达文件命令、电报以及上级重点工作要求,对乘务人员进行试问。

(3)针对业务学习计划进行试问。

(4)布置趟计划和安全要点,应做到命令传达准确,任务布置清楚。

(5)收缴列车员烟火、手机,并在列车长手账上记载后由列车员签字确认(可不收缴有与车站办理互联网订餐业务的兼职售货员手机)。

3. 备品清点

到收入科领取补票机和票据,请领站车无线交互系统、GSM-R手持终端,确保设备状态良好,电量充足,根据实际情况请领票据。

检查电报、客运记录;检查车补进款交接单、便携式补票机、防盗防抢箱。检查站车客运信息无线交互系统手持终端、手持电台、安检查危仪、执法记录仪、医药箱,如图1-2所示。确保备品齐全、作用良好。组织列车员请领视频监控设备。

图1-1 乘务员职务标志

图1-2 出乘备品(部分)

4. 派班点名

组织班组列队到派班室点名,考勤信息录入。接受命令指示,接受派班员试问。

> **知识提示卡**
>
> GSM-R 手持终端具有组内呼叫、广播呼叫、铁路紧急呼叫、铁路通信功能号管理、应急区间移动公务通信、通路通信拨号等功能。

二、列车员出乘作业

列车员在出乘前需接受命令指示,具体作业内容如下。

1. 出乘准备

(1)准时到达学习室,参加出乘会,接受列车长传达的文电命令,趟班乘务任务明确。

(2)主动上交烟火、手机(有与车站办理互联网订餐业务的兼职售货员可不上交手机),并在列车长手账上签字确认。

(3)参加业务学习,接受列车长业务抽考。

2. 备品清点

检查手持电台、站车无线交互系统及服务备品等设备、备品状态是否良好。检查健康证、上岗证、安全风险卡是否携带。

3. 检查仪容

检查个人的仪容仪表、着装,确保仪容、服饰符合要求,职务标志、对讲机等佩戴位置统一。对讲机佩戴方式:统一佩戴在右侧,女士应佩戴在右侧腰间,对讲机从马甲右侧腰间处穿入,对讲机线隐藏在马甲内,对讲机夹在右侧马甲上与胸章上端平齐,如图1-3所示。

图1-3 对讲机线佩戴示意图

4. 派班点名

列队到派班室点名,录入考勤信息,接受派班员试问。

乘务作业流程

学习情境1.2 接车作业

学习情境描述

2024年1月1日,你所值乘的G976次(沈阳南—北京朝阳)列车时刻表见表1-4,在客运段完成出乘作业后,乘务组需要按时到始发站做好接车准备,请你编制合理的接车作业计划内容。

G976次列车时刻表　　　　　　　　　　　　表1-4

站序	站名	到站时间	出发时间	停留时间
01	沈阳南	—	06:49	—
02	沈阳	07:01	07:09	8min
03	阜新	07:56	07:58	2min
04	辽宁朝阳	08:32	08:35	3min
05	牛河梁	09:02	09:04	2min
06	承德南	09:35	09:39	4min
07	北京朝阳	10:30	10:30	—

学习目标

知识目标

1. 掌握高速铁路动车列车长接车作业流程和内容。
2. 掌握高速铁路动车列车员接车作业流程和内容。

技能目标

1. 能按流程有条不紊地完成接车作业。
2. 能清楚全面地做好作业交接工作。

素质目标

严格执行接车程序,认真做好交接和检查工作,培养严谨认真的工作作风。

任务分组

请同学们自行组队并分配角色,填写表1-5,共同完成乘务组的接车作业,可邀请其他小组同学充当旅客角色。

学生任务分配表　　　　　　　　　　表1-5

任务名称：乘务组接车作业　　　　　　　指导老师：

班级		日期	
班组		组长	

班组成员		任务分工
姓名	任务角色	

获取信息

引导问题1：简述高速铁路动车乘务组列车出乘的要求。

　　

引导问题2：简述高速铁路动车乘务组站台立岗接车的要求。

　　

引导问题3：简述高速铁路动车列车长的接车作业流程。

　　

引导问题4：高速铁路动车列车长在接车作业时，需要办理哪些交接作业？

　　

引导问题5：高速铁路动车列车长接车作业过程中，在检查列车设备设施时，对新出现的设备故障及时通知_____进行处理，无法修复时在_____中做好记载，与随车机械师签字确认。

引导问题6：高速铁路动车列车长接车作业过程中，检查工作重点有哪些？

　　

引导问题7：简述高速铁路动车列车员的接车作业流程。

引导问题8:高速铁路动车列车员在接车作业检查确认工作中,主要检查哪些内容?

制订计划

根据所收集的资料,制订高速铁路动车乘务组接车工作计划,计划内容包括作业流程、风险分析、安全卡控措施和需要用到的工具或设备清单(表格可另附页),完成表1-6。

高速铁路动车乘务组接车工作计划　　　　　　　　表1-6

步骤	作业流程	风险分析	安全卡控措施	工具清单
1				
2				
3				
4				
5				

任务实施

根据学习情境描述,结合高速铁路动车乘务组在接车作业阶段的分工、实训场地和设备,编制乘务组的接车作业计划。

评价反馈

日期:　　年　　月　　日

实训项目名称:

成员:　　　　　　　　　　　　　　　　成绩

序号	评价项目	评分标准	满分	评价			综合得分
				自评	互评	师评	
1	仪容仪表	按规定着装,仪容整洁,符合规范要求,精神状态饱满	10				
2	作业准备	精神状态符合规范要求,按规定准备工具和备品	10				
3	接车时间、地点	准时到达指定地点,符合规范要求	10				
4	接车后作业	作业内容齐全	20				
5	检查作业	检查全面,无漏项,异常情况处置合理	10				
6	站车交接	交接内容正确、全面	10				
7	作业流程	处置要点齐全,流程合理	10				
8	作业安全	严格执行安全卡控,无安全事故发生	10				
9	职业素养	体现安全生产、组织纪律、敬业精神等	10				

相关知识

一、列车长接车作业

1. 列队出乘

始发前 30min 组织乘务人员列队到达站台指定地点接车。统一列队,按指定路线行走。做到步伐一致,箱(包)在同一侧,列车长在队伍尾部,列纵队进站台接车,如图 1-4 所示。

图 1-4 列队进站台接车

2. 立岗接车

在车门对应位置(CRH5A 型车体在 7 车 2 位和 15 车 2 位、CRH380BG 型车体在 4 车 1 位和 12 车 1 位),组织列车员面向列车进站方向立岗接车,乘务箱统一放置于右侧,以立岗标准站姿迎接列车进站,列车进站时面带微笑、行注目礼。

列车进入站台停稳后,使用对讲机按规定用语通知司机打开站台一侧车门,组织乘务人员集体登车。

3. 票据加锁

接车后,核对票据、备用金,并入柜加锁,重设金柜密码,备品定位摆放。

4. 录入车次,登录系统

录入担当车次。登录站车客运信息无线交互系统手持终端,做到登录及时、信息完整。

5. 办理交接

与质检员对卫生整备、设备问题、上水吸污、备品情况(消耗品、应急备品、反恐器材、超员凳、头枕片、清洁车、赠品车、清扫工具)等办理业务交接,做到交接清楚全面。

6. 设备及备品检查

检查列车设备设施情况,对动车组固定服务设施状态检查记录中记载的问题进行确认,对新出现的设备故障及时通知随车机械师进行处理,无法修复时在动车组固定服务设施状态检查记录中做好记载,与随车机械师共同签字确认。

进行广播测试,检查应急备品和反恐器材数量状态;检查列车整备情况,组织各岗位乘务人员按分工区域,对服务及安全设备、设施,车厢卫生保洁质量,书刊、清洁袋等易耗品摆放等进行检查。

7. 确认上水

确认列车上水情况。

8. 快件交接

在立岗位置与车站指定高铁快件交接人员按装载清单办理交接。快运公司作业人员应向列车长(或列车长指定人员)汇报高铁快件装车位置及件数,并递交高铁快运装载情况表,双方不办理签字交接。高铁快运装载情况表应含车次、发站、到站、装载位置、件数、重量、应急处置联系电话等。

9. 确认订单

在订餐车站,列车长要督促兼职售货员到 5 号车厢邻靠 4 号车厢位置、13 号车厢邻靠 12 号车厢位置与车站办理交接,并及时掌握订餐交接情况。

:bulb: **知识提示卡**

列车长的检查工作重点如下。
①检查紧急破窗锤、灭火器。
②对列车出库后的卫生间、盥洗间、通过台、车内地面、小桌、窗台卫生进行鉴定、打分。
③检查外车皮卫生质量,发现问题及时与保洁领班联系,并让其打扫干净。
④由列车长督促保洁人员对车内卫生进行补洁。
⑤检查保洁人员是否按规定时间出乘、持用有效健康证和上岗证、携带清洁用具,以及着装、乘务标识佩戴是否规范。
⑥检查餐吧商品摆放及移动售货车商品摆放是否整齐、规范。
⑦检查餐吧工作人员的健康证、上岗证和食品卫生合格证。
⑧检查餐桌摆台、吧台内外卫生,所售快餐、盒饭及食品的出厂日期和保质期,电冰箱的使用状态及安全用电情况。

二、列车员接车作业

1. 列队出乘

始发前 30min 到达站台指定地点接车。统一列队,按指定路线行走。做到步伐一致,箱(包)在同一侧,列车长在队伍尾部。

2. 立岗接车

在车门对应位置(CRH5A 型车体在 7 车 2 位和 15 车 2 位、CRH380BG 型车体在 4 车 1 位和 12 车 1 位),面向列车进站方向立岗接车。

3. 检查确认

迅速将乘务箱按规定定位,检查垃圾箱、卫生间、盥洗间、座椅下、行李架上、大件行李处的卫生状况;检查车内清扫备品定位摆放情况;检查坐便垫、消毒条、服务指南、清洁袋、洗手液等消耗品的配备数量和定位情况;检查列车上水及紧急破窗锤、安全乘降梯等设备设施状态;整理座椅靠背上的头枕片,将网袋内的杂志、服务指南、清洁袋等物品摆放整齐。负责商务座、特等座、一等座车厢的列车员应与餐服人员清点专项服务饮品、休闲食品及服务备品数量,检查定位摆放情况,发现问题及时报告列车长。

4. 快件确认

在高铁快件办理站指定车厢检查车站装卸人员装卸、码放作业,确认施封、外包装及件数,并向列车长报告。列车员发现集装件码放不符合规定的,应要求快运公司作业人员当场纠正。对拒不纠正的,应通报快运公司纳入考核。

5. 订单交接

在订餐车站,兼职售货员要在车体到达站台后,准备好接餐箱在 5 号车厢邻靠 4 号车厢位置、13 号车厢邻靠 12 号车厢位置与车站办理交接,交接时确认订餐车厢、数量、包装是否完整,交接后将餐食放置到接餐箱内。如有问题,在站车餐食交接单上空白处注明,不得影响发车。

学习情境1.3 始发前作业

学习情境描述

2024年1月1日,你所值乘的G976次(沈阳南—北京朝阳)列车接车作业完毕后,列车即将出发,站台上开始播放放行旅客的广播,请你编制乘务组的始发前作业计划。

学习目标

知识目标

1. 掌握高速铁路动车列车长始发前作业流程和内容。
2. 掌握高速铁路动车列车员始发前作业流程和内容。

技能目标

1. 能执行标准化列车始发前程序。
2. 能严格执行标准化联控用语。

素质目标

执行标准化作业程序和联控用语,提高标准化作业能力,做到"一点都不能差,差一点也不行",同时培养团队协作和沟通能力。

任务分组

请同学们自行组队并分配角色,填写表1-7,共同完成乘务组的始发前作业,可邀请其他小组同学充当旅客角色。

学生任务分配表 表1-7

任务名称:乘务组始发前作业　　　　　　　　指导老师:

班级		日期	
班组		组长	
班组成员		任务分工	
姓名	任务角色		

获取信息

引导问题1：高速铁路动车列车长始发前作业包含哪些内容？

_____

_____

引导问题2：车站放行旅客后，列车长到指定车门处立岗，始发前与车站_____办理交接，掌握客流情况。

引导问题3：列车长如何执行发车程序？

_____

_____

引导问题4：当动车组重联运行时，两组列车长应先互相确认旅客乘降情况，再由前进方向的_____列车长负责通知司机关闭车门。

引导问题5：列车员始发前作业包含哪些内容？

_____

_____

引导问题6：列车员始发作业中，如何做好车内引导工作？

_____

_____

引导问题7：车站放行旅客后，如果在你值乘的车厢遇到轮椅旅客应如何处置？

_____

_____

引导问题8：列车始发前，列车长与列车员对时的标准用语有哪些？

_____

_____

制订计划

根据所收集的资料，制订高速铁路动车乘务组始发前工作计划，计划内容包括作业流程、风险分析、安全卡控措施和需要用到的工具或设备清单（表格可另附页），完成表1-8。

高速铁路动车乘务组始发前工作计划　　　　　表1-8

步骤	作业流程	风险分析	安全卡控措施	工具清单
1				
2				

续上表

步骤	作业流程	风险分析	安全卡控措施	工具清单
3				
4				
5				

任务实施

根据学习情境描述，结合高速铁路动车乘务组在列车始发前作业阶段的分工、实训场地和设备，编制乘务组的始发前作业计划。

评价反馈

日期：　　年　　月　　日

实训项目名称：

成员：　　　　　　　　　　　　　　　　　　　成绩

序号	评价项目	评分标准	满分	评价			综合得分
				自评	互评	师评	
1	仪容仪表	按规定着装，仪容整洁，符合规范要求，精神状态饱满	10				
2	作业准备	精神状态符合规范要求，按规定准备工具和备品	10				
3	作业地点	立岗位置正确	20				
4	作业流程	作业要点齐全，流程合理	30				
5	作业安全	严格执行安全卡控，无安全事故发生	20				
6	职业素养	体现安全生产、组织纪律、敬业精神等	10				

相关知识

一、列车长始发前作业

1. 了解旅客情况

车站放行旅客后，列车长到指定车门处立岗，始发前与车站客运值班员办理交接，掌握客流情况，具体作业内容如下：

(1) 向车站客运值班员了解本次列车的客流情况，并掌握重点旅客乘车信息。

(2) 做好重点旅客的交接和引导工作，应做到引导有序、妥善安排、通报及时。

(3) 组织列车员在所值乘车厢车门处立岗，迎接旅客上车。

(4) 解答旅客问询，处理突发事件。

2. 执行发车程序

（1）与司机对时后，立即与列车员对时。车体重联时，由前组列车长与司机对时并与后组列车长和列车员对时，做到各自设备显示时间准确、一致。

车机联控用语规定如下：

列车长："现在时间为××点××分，动车（高、城）××次列车长明白。"

（2）提醒兼职售货员播放开车前广播（开车前10min播放始发音乐，开车前5min播放开车前广播）。

（3）开车前2min提示列车员确认旅客乘降、餐车物品、高铁快件装卸情况。督促列车员对车门处逗留、吸烟的旅客进行安全提示，及时提示列车员组织旅客乘降。

（4）开车铃响登车，加强瞭望，接到车站与客运有关的作业完毕、与列车员确认乘降完毕、兼职售货员站车订餐交接完毕并汇报后，按规定通知司机或随车机械师关闭车门（重联时，后组列车长确认本组作业完毕后，用对讲机客运频道向前组列车长报告，由前组列车长用无线列调对讲机行车频道向司机报告）。遇动车组初起叫停等特殊情况时，及时采取措施，妥善处理。列车出站台前面向站台立岗，并行标准注目礼。

站车联控用语规定如下：

车站客运人员："××次××站客运作业完毕。"

列车长应答："××次客运作业完毕，列车长明白。"

车机联控用语规定如下：

列车长："动车（高、城）××次司机，旅客乘降完毕，请关闭车门。"

司机："动车（高、城）××次列车长，是否可以关闭车门？"

列车长："动车（高、城）××次司机，旅客乘降完毕，可以关闭车门。"

旅客乘降完毕关闭车门后，动车组未启动前，特殊情况下列车长需打开车门通知司机时，车机联控用语规定如下：

列车长："动车（高、城）××次司机，因××原因，请打开车门。"

知识提示卡

当动车组重联运行时，两组列车长应先互相确认旅客乘降情况，再由前进方向的第一组列车长负责通知司机关闭车门。

二、列车员始发前作业

1. 车门立岗

在始发站旅客放行前5min，列车员在车门处立岗，迎接旅客上车，遇旅客问询时，应保持微笑、耐心解答，对重点旅客应妥善安排。

2. 校对时间

与列车长对时，做到设备显示时间准确一致。

联控用语规定如下：

列车长："动车（高、城）××次列车员，现在时间为××点××分。"

列车员:"动车(高、城)××次1(3、5、8、9、11、13、16)车明白。"

3. 车内引导

车站放行旅客时,列车员在分工车厢,引导重点旅客就座、协助安放行李物品、检查卫生间卫生。引导旅客就座,提示并帮助旅客将大件行李安放在大件行李处,发现问题及时处理。及时劝告送客人员下车,不能处理时应向列车长报告。开车前5min,回到指定位置立岗。

4. 播放广播

兼职售货员播放开车前广播(开车前10min播放始发音乐,开车前5min播放开车前广播)。

5. 确认乘降

开车前,列车员站到立岗站台侧车门处对负责车厢进行瞭望,确认旅客乘降、高铁快件、餐车物品装卸完毕后报告列车长,兼职售货员在与车站办理订餐交接完毕后报告列车长。列车关闭车门后,列车员在站台侧车门处立岗,并监控车门状态,遇特殊情况时,立即向列车长汇报,采取措施,妥善处理。列车关闭车门启动后,列车员在站台侧车门处立岗、行注目礼。

学习情境1.4 **始发后作业**

学习情境描述

2024年1月1日,你所值乘的G976次(沈阳南—北京朝阳)列车,在沈阳南站客运作业完毕后,列车关门从始发站缓缓启动,请你编制乘务组的始发后作业计划。

学习目标

知识目标

1. 掌握高速铁路动车列车长始发后作业流程和内容。
2. 掌握高速铁路动车列车员始发后作业流程和内容。

技能目标

能严格执行始发后的各项作业内容。

素质目标

严格落实始发后列车巡视和安全检查工作,树立安全作业意识和严谨认真的工作态度。

任务分组

请同学们自行组队并分配角色,填写表1-9,共同完成乘务组的始发后作业,可邀请其他小组同学充当旅客角色。

学生任务分配表　　　　　　　　　　　　　表1-9

任务名称:乘务组始发后作业　　　　　　　　指导老师:

班级		日期	
班组		组长	
班组成员		任务分工	
姓名	任务角色		

获取信息

引导问题 1：高速铁路动车列车长始发后作业包含哪些内容？

_____

_____

引导问题 2：在列车始发后，列车长对车厢全面巡视过程中，需要完成哪些作业？

_____

_____

引导问题 3：在列车始发后，列车长巡视过程中如何做好安全宣传工作？

_____

_____

引导问题 4：列车员始发后作业包含哪些内容？

_____

_____

引导问题 5：列车员需要在始发后_____ min 内安装视频设备，发现故障问题及时与列车长联系。

制订计划

根据所收集的资料，制订高速铁路动车乘务组始发后工作计划，计划内容包括作业流程、风险分析、安全卡控措施和需要用到的工具或设备清单（表格可另附页），完成表1-10。

高速铁路动车乘务组始发后工作计划　　　　　　表1-10

步骤	作业流程	风险分析	安全卡控措施	工具清单
1				
2				
3				
4				
5				

任务实施

根据学习情境描述，结合高速铁路动车乘务组在列车始发后作业阶段的分工、实训场地和设备，编制乘务组的始发后作业计划。

评价反馈

日期: 　　年　　月　　日

实训项目名称：

序号	评价项目	评分标准	满分	评价			综合得分
				自评	互评	师评	
1	仪容仪表	按规定着装，仪容整洁，符合规范要求，精神状态饱满	10				
2	作业准备	精神状态符合规范要求，按规定准备工具和备品	10				
3	作业时间	在规定时间内及时完成作业	20				
4	作业流程	作业要点齐全，流程合理	30				
5	作业安全	严格执行安全卡控，无安全事故发生	20				
6	职业素养	体现安全生产、组织纪律、敬业精神等	10				

成员：　　　　　　　　　　　　　　成绩

相关知识

一、列车长始发后作业

1. 播放广播

提醒兼职售货员播放始发广播（中途站开车后，CRH5A型动车组点播1报广播。如有互联网订餐时，由列车长负责点播），确认视频、广播、电子屏的播放及显示内容准确、音量适中、播放及时。遇有故障，及时人工播报。

2. 收缴烟火

收缴餐售人员烟火，乘警负责收取随车机械师烟火，未配备乘警的，由列车长统一保管，在列车长手账上做好登记并由本人签字。

3. 餐饮检查

检查餐车长着装、证件，布置趟班重点工作，检查商品摆放等情况，杜绝货品占用用餐区，由列车长做好登记。与商务座、特等座、一等座车厢的列车员确认特等座、一等座休闲食品领取数量，与餐车长签字交接。

4. 全面巡视

(1) 对列车安全重点部位、设施设备、消防器材进行检查。

(2) 检查行李、衣帽钩、大件物品摆放及高铁快件堆码情况，提醒旅客将大件行李及铁器、锐器等不适宜放在行李架上的物品放在指定位置并自行看管，确保行李物品摆放平整，通道保持畅通。

(3) 掌握车内旅客动态，了解重点旅客服务需求，主动提供帮助，检查其他乘务人员对重点旅客的服务是否到位。积极做好旅客服务工作,耐心解答问询,落实"首问首诉"负责制。检查商务座、特等座、一等座旅客服务情况,巡查设备、设施使用情况。

(4)加强安全宣传,落实岗位防火责任制。提示旅客遵守安全乘车规定,及时制止可能损坏车辆设施和影响安全的行为。加强"三品"查堵,落实动车组列车禁烟制度,及时检查卫生间、通过台等重点部位,发现吸烟行为的旅客及时制止,按规定移交公安部门依法处理。未配备乘警的,由列车长兼职行使列车安全员职责,会同随车机械师对灭火器、安全锤等防火、安全设备进行检查,发现问题及时报告公安部门。同时加强车厢巡视,提示旅客保管好携带的贵重物品,防止各类案(事)件的发生;及时掌握车内治安动态,积极调解旅客矛盾纠纷,对调解和处理不了的,要立即报告公安指挥中心,并先行固定提取相关证据。

(5)检查车门、各柜门锁闭状态;巡视电茶炉、卫生间等部位,及时劝阻旅客不要倚靠车门、在翻板上站立或在大件行李处、电茶炉下坐卧;对乘车儿童进行安全提醒提示;掌握车厢内空调温度(车内温度保持冬季18~20℃,夏季26~28℃)。

(6)检查餐吧工作人员落实作业程序情况,以及电气设备安全状态。

(7)对列车员安装视频监控设备情况进行检查。

(8)在订餐站,督促兼职售货员和列车员在开车后30min内将餐食发放完毕,对存在的问题应及时记载并上报。

(9)核对空余座位,组织列车员查验车票,办理补票业务。

二、列车员始发后作业

1. 广播播报

兼职售货员播放始发广播,确认视频、广播、电子屏的播放及显示内容准确、音量适中、播放及时。遇有故障,及时人工播报。(在订餐车站开车后,广播由列车长点播)

2. 兼职作业

兼职售货员在播报完毕后,到餐车协助餐车长将商务座、跨局直通车特等座、一等座的饮品、休闲食品、专项服务备品送至1(9)车和8(16)车,同时将数量向列车长报告。送完后,回到餐车将售货车商品装车,并和餐车长确认商品品类、数量。

图1-5 列车视频监控设备

3. 安装设备

始发后20min内安装视频监控设备,如图1-5所示,发现故障问题及时与列车长联系。具体分工:小号列车员负责1(9)车、2(10)车设备安装;中号列车员负责3(11)车、4(12)车、5(13)车设备安装;大号列车员负责6(14)车、7(15)车、8(16)车设备安装。

4. 订餐发放

兼职售货员在开车后先从订餐数量较多一面车厢开始向旅客发放,涉及旅客订餐车厢的列车员予以协助(帮助核对订餐旅客信息,并在发放完后在派送单上打√确认),开车后30min内将餐食发放完毕,发放完毕后将时间节点填记在派送单上。发放期间如发现餐食质量问题,要及时使用手机App拍照并上传信息,同时将情况上报列车长。

5. 车厢巡视

(1)对车厢进行巡视,检查行李摆放情况,行李架、大件行李存放处物品摆放平稳、牢固、整齐。大件行李放在大件行李存放处,不占用席位,不堵塞通道。铁器、锐器、易碎品、杆状物品及重物等放在席位下面或大件行李存放处,将露出行李架过多的部分或未摆放好的行李摆放好。衣帽钩仅限挂衣帽、服饰等轻质物品。使用小桌板不超过承重范围。巡视方向:大号列车员(8/16 车→6/14 车);中号列车员(3/11 车→5/13 车);小号列车员(1/9 车→2/10 车)巡视。

(2)加强安全宣传,落实岗位防火责任制。提示旅客遵守安全乘车规定,及时制止可能损坏车辆设施和影响安全的行为。加强"危险品"查堵,落实动车组列车禁烟制度,及时检查卫生间、通过台等重点部位,发现有吸烟行为的旅客及时劝阻并报告。

(3)协助列车长查验车票。掌握车内旅客动态,积极响应旅客诉求,遇有重点旅客主动提供帮助,做到"三知三有"。为符合规定的商务座、一等座旅客提供免费饮品、休闲食品和专项服务备品,如图1-6所示。

图1-6 列车商务座、一等座赠品

学习情境1.5 途中作业

学习情境描述

2024年1月1日，你所值乘的G976次（沈阳南—北京朝阳）列车在08:32将停靠在辽宁朝阳站，停车3min，请你编制乘务组的途中作业计划。

学习目标

知识目标

1. 掌握高速铁路动车列车长列车运行途中作业流程和内容。
2. 掌握高速铁路动车列车员列车运行途中作业流程和内容。

技能目标

1. 能严格执行列车运行途中的各项作业内容。
2. 能严格执行列车站停时的各项作业内容。

素质目标

1. 通过处理列车应急事故，树立安全作业意识，提高应急处置能力。
2. 培养"人民铁路为人民"的服务意识。

任务分组

请同学们自行组队并分配角色，填写表1-11，共同完成乘务组的途中作业，可邀请其他小组同学充当旅客角色。

学生任务分配表　　　　　　　　　　　　　　表1-11

任务名称：乘务组途中作业　　　　　　指导老师：

班级		日期	
班组		组长	
班组成员		任务分工	
姓名	任务角色		

获取信息

引导问题1：高速铁路动车列车长途中作业包含哪些内容？

引导问题2:高速铁路动车列车长站停作业包含哪几部分内容?

引导问题3:在列车运行途中,列车长应每_____h巡视一次车厢。

引导问题4:巡视车厢时如发现携带导盲犬的旅客,应查验旅客哪些证件?

引导问题5:在列车运行途中,列车长检查保洁作业具体内容有哪些?

引导问题6:在列车运行途中,列车长餐售检查作业包含哪些内容?

引导问题7:列车长在站停前需要完成哪些作业?

引导问题8:列车长在列车进站停车后,需要负责完成哪些作业?

引导问题9:列车停站过程中,列车长可能会与车站办理哪些业务交接?

引导问题10:列车停站过程中,列车长与车站办理业务交接的位置是如何规定的?

引导问题11:高速铁路动车列车员途中作业包含哪些内容?

引导问题12:高速铁路动车列车员站停作业包含哪几部分内容?

引导问题13：高速铁路动车列车员在列车停站前需要做好哪些工作？

制订计划

根据所收集的资料，制订高速铁路动车乘务组途中工作计划，计划内容包括作业流程、风险分析、安全卡控措施和需要用到的工具或设备清单（表格可另附页），完成表1-12。

高速铁路动车乘务组途中工作计划　　　　　　　　表1-12

步骤	作业流程	风险分析	安全卡控措施	工具清单
1				
2				
3				
4				
5				

任务实施

根据学习情境描述，结合高速铁路动车乘务组在途中作业阶段的分工、实训场地和设备，编制乘务组的途中作业计划。

评价反馈

日期：　　年　　月　　日

实训项目名称：

成员：　　　　　　　　　　　　　　　　　　　成绩

序号	评价项目	评分标准	满分	评价			综合得分
				自评	互评	师评	
1	仪容仪表	按规定着装，仪容整洁，符合规范要求，精神状态饱满	10				
2	作业准备	精神状态符合规范要求，按规定准备工具和备品	10				
3	作业内容	作业内容无缺项、漏项，符合规范要求	30				
4	作业联控	及时、准确、清晰，用语规范	20				
5	作业安全	严格执行安全卡控，无安全事故发生	20				
6	职业素养	体现安全生产、组织纪律、敬业精神等	10				

相关知识

途中作业主要包括运行途中作业和站停作业。

一、列车长途中作业

(一)运行途中作业

1. 巡视车厢

在列车运行途中,列车长应每1~2h巡视一次车厢,掌握车内旅客动态,处理服务过程中遇到的各类问题;提示列车员提供重点服务,并做好回访工作;对视力残疾携带导盲犬的旅客,认真检查相关证件(旅客购票时的有效身份证件、本人的残疾人证、导盲犬工作证、动物健康检疫证明)并予以协助。

根据站车客运信息无线交互系统提供的乘车席位信息,核对特殊票种、空余席位及乘车人数,办理挂失补票及电子票等业务。检查列车员席位核对执行情况。

2. 检查保洁作业

在列车运行途中,列车长应负责动态检查保洁作业情况,并根据检查出的卫生问题及时提醒保洁人员进行快速恢复,具体作业内容如下:

(1)检查小桌板、座椅面、地面上杂物清理、卫生情况,随脏随扫,督促保洁人员及时清理车内的垃圾,垃圾袋满溢及时更换,系紧扎严,防止液体外漏,放于非乘降车门侧,不得放在车厢连接处或车门翻板上。

(2)检查清洁车是否作用良好、定位停放,督促加强电茶炉、门头等重点部位保洁,随时检查卫生间及盥洗间的卫生情况,督促保洁人员对卫生间、盥洗间、通过台随时进行清洁,易耗品补充及时。

(3)跟踪检查卫生质量问题,准确考核。

3. 设备检查

加强设备设施检查,做好爱车宣传。对动车组固定服务设施状态检查记录中记载的问题进行确认,对新出现的设备故障及时通知随车机械师进行处理,无法修复时做好记载,与随车机械师签字确认。检查车厢视频监控设备的安装使用及电量情况。

4. 餐售检查

列车长在列车运行途中,应严格把控食品卫生关,并确保旅客餐饮供应,具体作业内容如下:

(1)核对收货品种和价目表,检查食品包装、生产日期等信息,食品、商品是否符合食品安全要求,报废商品规范管理。

(2)检查餐服人员着装、服务、用语是否符合工作标准,规范商品摆放、不堵塞通道;检查兼职售货员售货行为,及时找零、提供发票,不得进行危险演示、高声叫卖。发现问题及时纠正、考核,了解旅客对饮食供应的满意程度。

(3)规范电气设备管理,检查餐吧电气设备的使用及安全状态,使用中不离开操作区域,离人及时断电。

(4)供餐时间检查餐吧卫生清理及保持情况,微波炉、电烤箱内油垢"一餐一清",立式保温柜、冰箱内随时清理。

(5)巡视和检查商务座、一等座旅客服务落实情况。

(6)对途中补充的赠品数量在请领单上签字确认。

5. 广播宣传

运行途中确认视频、广播、电子屏的播放,以及显示内容准确、音量适中、播报及时;及时调整折角车次;播报禁烟广播。根据客流和补票情况播报营销广播,逢用餐时间(逢11:00—11:30 或17:00—17:30 时段)播放用餐广播,遇自动播报故障时,及时人工广播或人工宣传。

6. 快件检查

运行途中巡视、检查高铁快件集装件码放、外包装、施封等状况,发现异常及时妥善处理。

7. 用餐安排

由列车长根据规定时间合理安排列车员的用餐时间,列车员轮流到餐车用餐,列车长到用餐列车员负责的车厢巡视和监管,特殊情况进行重点交接。与餐车长核对乘务餐用餐情况,签字确认。

8. 应急处理

运行中遇有突发情况时,立即通报相关人员,启动应急预案,按各自岗位职责分工妥善处理,逐级汇报;涉及有关行车问题时,及时向司机报告,听从司机的统一指挥。遇有列车晚点时,向司机了解晚点原因,及时向动调和段调度室汇报晚点情况,按客运处统一口径向旅客做好解释和安抚工作。晚点超过15min 时,通过广播向旅客致歉并说明情况。做好安抚工作,致歉广播及时。同时对车内重点旅客进行全面统计,及时向上级汇报车内旅客情况和工作需求。列车晚点 1h 以上并逢用餐时间时,列车长要根据情况向上级提出用餐请示,由中途或到达局客调安排在指定车门处与车站办理食品交接,组织列车员和旅客代表向旅客免费发放。整个过程做到原因清楚、安抚到位、致歉诚恳、汇报翔实、定位交接、发放迅速。

(二)站停作业

列车到站停车前,列车长作业内容如下。

1. 站停前作业

(1)到站前,巡视车厢,检查列车员卫生整理及备品补充情况,到指定车门位置立岗,加强宣传引导。在有上水、吸污作业的车站到站前,组织列车员对车厢用水、污水显示情况进行统计,有严重缺水或污物箱满溢的,提前与前方站联系。

(2)中间开口列车交接前,列车长要与餐车长核对商品售卖情况,并签字确认。

(3)到站前5min,监听列车自动播报(二报),换乘站到站前广播二报后,点播换乘广播。提示列车员做好到站宣传,提醒旅客做好下车准备和安全乘降宣传。

(4)巡视车厢,到指定车门位置立岗,组织重点旅客提前到车门口等候。

(5)到站站台临时变更时,提示列车员及时调整垃圾袋及清洁车摆放位置,以免堵塞车门影响旅客乘降。

(6)查询掌握互联网订餐和特产预定情况,督促列车员到指定车门处做好与车站订餐交接准备。

知识提示卡

列车晚点或临时停车前,列车长应向司机了解晚点或停车原因,及时上报晚点及停车情况,向旅客做好解释和安抚工作。

2.站停时作业

列车进站停车后,列车长负责的作业内容如下。

(1)立岗交接,在指定位置立岗,监控旅客乘降和车门开启情况,遇到车门故障时,及时组织旅客从其他车门下车。

(2)督促列车员对在车门处逗留和吸烟的旅客加强安全提示,避免旅客漏乘。

(3)安排列车员在设有无障碍设施的车厢门口立岗作业,及时为旅客提供适需服务。

(4)在可以投放垃圾的车站,督促保洁人员及时将垃圾袋投放在指定位置。

(5)做好与车站的业务交接,办理站车交接,短编组动车组列车在4、5号车厢之间;重联动车组列车在列车运行方向前组第7、8位车厢之间,做到交接清楚,重要事项有签字。

(6)在高铁快件办理站,应监督押运人员组织高铁快件快速装卸,并与押运人员办理交接。

(7)中途站有上水、吸污作业时,列车长得到车站客运人员上水、吸污作业,旅客乘降完毕的通知后,按规定发车,做到联控用语准确。中途上水、吸污站开车后,确认车内上水和吸污情况,及时在列车长工作手册中记载。

(8)开车前,接到车站与客运有关的作业完毕通知和列车员旅客乘降完毕、兼职售货员站车订餐交接完毕汇报后,按规定通知司机(重联时,后组列车长确认本组作业完毕后,用对讲机客运频道向前组列车长报告,由前组列车长用无线列调对讲机行车频道向司机报告)。

3.站停后开车作业

列车从停靠站发车后,列车长应参照列车始发标准进行巡视、验票等工作。

二、列车员途中作业

(一)运行途中作业

1.席位核对

在列车运行途中,列车员应根据售票信息核对分管车厢的空余席位,统计乘车人数,对持电子票和特殊票种的旅客乘车信息进行核实,发现挂失补票或乘车条件不符的人员,及时引导,并报告列车长。验票方式:小号与中号列车员面对面,中号与大号列车员背对背验票。

2. 卫生清扫

列车员应检查、督促、协助保洁人员做好卫生保持。

(1)随时检查、清理卫生间及盥洗间,保持无便迹、无异味;检查消耗品使用情况,保证列车卫生质量和消耗品的正常供应。督促保洁人员落实半小时巡视、清理卫生间工作。

(2)重点监控电茶炉,保持无杂物、无水渍;及时更换、补充清洁袋、卫生纸、擦手纸等服务备品。

(3)及时整理车容卫生,清理小桌板、座椅面(网兜)的杂物,地面卫生随脏随扫,保持无杂物;拖布洗净拧干、地面无水迹。不得戴胶皮手套或手持垃圾袋进入客室内作业。电茶炉、手把杆、垃圾箱投掷门等白钢部件擦拭光亮。

(4)将空座位的小桌板、遮光帘、杂志、座椅扶手、脚蹬等及时复位,及时清理空座位上的杂物。

(5)对满溢垃圾袋及时更换,系紧扎严,防止液体外漏,放于非乘降车门侧,不得放在车厢连接处或车门翻板上,并在垃圾投放站指定位置投放。

3. 巡视车厢

(1)加强设备、设施检查,做好爱车宣传,发现问题及时告知列车长,进行逐一核对,对新出现的设备故障及时向列车长汇报。主动引导旅客正确使用设备设施方法。

(2)加强安全宣传,及时劝阻儿童在车厢内跑动、坐在小桌板上或运行中在坐席上站立。加强"危险品"查堵,落实动车组列车禁烟制度,及时检查卫生间、通过台等重点部位,发现吸烟行为的旅客立即劝阻,并及时报告。

(3)及时制止旅客车厢内大声喧哗、脚搭桌板、穿鞋躺在坐席上等不文明乘车行为。

(4)兼职售货员不得在车厢内高声叫卖,携带全额发票,售货款达到500元时要及时上交给餐车长。商务座、特等座、一等座的饮品、休闲食品及专项服务备品数量不足时,要及时协助售货员进行补充,并将请领数量向列车长报告。不售卖商品时,将售货车推回餐车指定位置存放。

(5)在用餐时间协助餐服人员做好供应,有旅客点餐时,要及时通知餐服人员。

(6)对重点旅客做到"三知三有",提供重点服务。对视力残疾携带导盲犬的旅客,认真检查相关证件(旅客购票时的有效身份证件、本人的残疾人证、导盲犬工作证、动物健康免疫证明),并予以协助。

(7)监控广播、电子屏、视频播放器的播放内容及现实情况,发现异常及时报告列车长。

(8)运行途中巡视、检查高铁快件集装件码放、外包装、施封等状况,发现集装件短少或外包装、施封破损时,应由列车长开具客运记录,载明异常集装件数量、编号或内装物品等实际状况,到达集装件卸车站时将客运记录交快运公司工作人员处理,必要时可报警。

4.用餐安排

按照规定时间轮流到餐车用餐,特殊情况和列车长进行重点交接。

5.应急处置

运行中遇有突发情况时,立即报告列车长听从指挥,按照岗位职责分工,妥善处理。遇有列车晚点,要坚守岗位,统一口径向旅客做好解释和安抚工作。列车晚点时间较长时,掌握特殊重点旅客服务需求,对中转换乘的旅客进行统计,及时报告列车长。

(二)站停作业

1.站停前作业

列车到站停车前,列车员的作业内容如下。

(1)水位确认。在有上水、吸污的车站到站前、后,对车厢水位表净水和污水水位进行检查确认,并报告列车长。

(2)售货清算。中间开口站,兼职售货员提前与餐车长清点商品,清算货款。

(3)交接准备。互联网订餐站或特产预定站到站前,兼职售货员通过手机App了解掌握互联网订餐和特产预定情况,到站前应及时到指定车门处做好与车站办理交接的准备。

(4)广播播报。到站前5min,监听列车自动播报(二报)和换乘广播,发现问题及时报告列车长。

(5)宣传整理。列车员在车内进行到站宣传,提醒旅客做好下车准备,做好安全乘降宣传、卫生整理,检查备品补充情况。

(6)车门立岗。到站前,到指定立岗非站台侧车门处立岗,协助重点旅客做好下车准备,及时观察左右车厢旅客下车情况,遇到车门故障时,及时通知列车长,并组织旅客从其他车门下车。

站台临时变更时,运行方向第一节车厢列车员要通知其他列车员及时调整垃圾袋及清洁车摆放位置,以免堵塞车门影响旅客乘降。在司机换乘站,司机操纵端车厢列车员要做好车门处旅客让行司机的宣传和引导。

 知识提示卡

列车晚点或临时停车前,列车员要坚守岗位,加强巡视,向旅客做好解释和安抚工作,列车晚点时间较长时,应重点掌握旅客的服务需求,做好服务;还应对中转换乘的旅客进行统计,及时报告列车长。

2.站停时作业

列车进站停车后,列车员负责的作业内容如下。

(1)监控乘降。在指定位置立岗,监控车门开启和旅客乘降情况。对在车门处逗留和吸烟的旅客加强安全提示,避免漏乘。

(2)重点服务。在设有无障碍设施的车厢门口立岗时,应及时为旅客提供适需服务。

（3）垃圾投放。在垃圾投放站，及时将垃圾袋投放在指定位置。

（4）订餐交接。互联网订餐或特产预定车站到站后，兼职售货员先行下车与车站办理订餐交接，交接后将餐饭放置到接餐箱内。交接时确认订餐或特产车厢、数量、包装是否完整，遇有问题在站车餐食交接单上空白处注明，不得影响发车，交接单如图1-7所示。

图1-7　网络订餐车站配送交接本

（5）监控上水。在中途上水、吸污，要对上水、吸污车厢的上水、吸污情况进行监控，发现问题及时报告列车长。

（6）确认乘降。开车前，站到立岗站台侧车门处对负责车厢进行瞭望，确认旅客乘降、高铁快件和餐车物品装卸完毕后报告列车长。列车关闭车门后，列车员在站台侧车门处立岗，并监控车门状态，遇特殊情况时，立即向列车长汇报，采取措施，妥善处理。列车关闭车门后，列车员在站台侧车门处立岗。列车出站台后回场。

联控用语规定如下：

列车员："动车（高、城）××次1（3、5、8、9、11、13、16）车旅客乘降完毕。"

兼职售货员："5车（13车）订餐交接完毕。"

3. 站停后开车作业

列车发车后，列车员应参照列车始发标准进行巡视、验票等工作。

有互联网订餐及预定特产的旅客，列车员还应在开车后派发旅客订购的餐品及特产，派发完毕后，及时向列车长报告，由列车长反馈派发信息并标记异常订单。

知识拓展

动车组列车餐饮管理相关规定与餐饮供应

一、餐饮管理相关规定

（1）列车上销售的食品和商品，必须由餐饮企业统一采购。餐饮企业销售人员应将上车食品、商品的出库单交予列车长以备检查。

(2)加热后未售出的食品应严格执行定时报废制度。在列车上,报废的食物在未处理前应醒目标注"报废"字样,并存放在指定位置。

(3)餐吧展示柜布置应当齐全美观,存放商品和备品时不得侵占通道、影响安全。

(4)动车组列车供应的食品、饮品,应当种类丰富、价格合理。

(5)餐饮企业应当经常征求旅客对餐饮服务的意见,并根据旅客的意见调整餐饮的品种和品质,提高服务质量。

二、餐饮供应

(一)餐饮供应方式

根据我国对食品运输及储存要求的规定,我国大多数动车组列车采用的是航空式配餐模式,常用的供应方式有冷链、热链、常温链三种。

1. 冷链供餐

冷链供餐是指盒饭的主食和菜肴烧煮后充分冷却(在2h内需使中心温度降至10℃以下),并在中心温度10℃以下分装、储存、运输的供餐模式。冷链供应的盒饭具有口味好、营养搭配均衡的特点。冷链供餐适用于列车运营2h后开始供餐的情况。动车组列车主要以冷链供餐模式为主。

2. 热链供餐

热链供餐是指加热保温已烧煮后的主食和菜肴,并在食用前,使其中心温度始终保持在60℃以上的供餐模式。热链供应的盒饭口味一般,保存时间短,并且需要连续高温保存。但热链供餐对食品加热设备需求小,可节省能源。热链供餐适用于列车运营后立即开始供餐的情况。目前,只有少数列车采用热链供餐模式。

3. 常温链供餐

常温链供餐是指主食和菜肴盛于密闭容器中,经高温灭菌达到商业无菌要求,可在常温保存的供餐模式。常温链供应的盒饭口味差,对厨房设备加热能力需求高,因此常温链供餐方式只作为应急备用模式。

(二)餐饮供应要求

1. 餐饮要求

(1)实行烹调加工的配送食品,冷藏温度应持续不高于10℃;供餐前应进行充分加热,加热后期中心温度应持续不低于60℃;无适当冷藏条件的,储存时间不得超过2h。

(2)预包装食品应标明生产厂名、厂址、生产时间、保质期和食用方法,并应符合国家规定的标准。

(3)为旅客提供餐饮服务的动车组列车应配备必要的食品储存、加热、冷藏、保温以及餐饮器具消毒、保洁等所需的设备、设施,并做到安全无害、清洁卫生。

2. 餐饮包装要求

(1)餐饮包装上必须标明餐饮成分、食用方法、保质期、生产日期、质量安全图示等标识。

(2)包装材料必须选用可重复使用、可回收利用或可降解的材料,并确保印制或粘贴的标识无毒,且不直接接触食品。

(3)列车上销售的食品和商品应当明码标价,一货一签,并有"CRH"商标。"CRH"商标应印制在产品外包装的显著位置。未经许可,餐饮服务运营商不得标注自有商标/标识。

3. 餐饮配送要求

(1)配送过程应坚持全程冷链原则,并严格控制配送时间,确保食品安全。

(2)配送的餐饮必须包装完好,交接流程规范。配送时所用的容器、车辆应清洁卫生,配送人员须统一服装、保证个人卫生。

(3)餐饮要及时送至站台,确保开车前 5min 全部运送上车。

学习情境1.6 终到作业

学习情境描述

2024年1月1日,你所值乘的G976次(沈阳南—北京朝阳)列车将于10:30终到北京朝阳站,随后开行G923次(北京朝阳—沈阳),时刻表见表1-13,请你编制乘务组的终到(折返)作业计划。

G976次列车时刻表　　　　　　　　　　　　　表1-13

站序	站名	到站时间	出发时间	停留时间
01	北京朝阳	—	11:00	—
02	沈阳	13:44	13:44	—

学习目标

知识目标
1. 掌握高速铁路动车列车长终到作业流程和内容。
2. 掌握高速铁路动车列车员终到作业流程和内容。

技能目标
1. 能严格执行列车终到前后的各项作业内容。
2. 能严格执行列车终到折返的各项作业内容。

素质目标
1. 严格执行终到作业,养成爱岗敬业和严谨认真的工作态度。
2. 严格遵守折返保休管理规定,增强自我管理意识。

任务分组

请同学们自行组队并分配角色,填写表1-14,共同完成乘务组的终到作业,可邀请其他小组同学充当旅客角色。

学生任务分配表　　　　　　　　　　　　　表1-14

任务名称:乘务组终到作业　　　　　　　　　指导老师:

班级		日期	
班组		组长	
班组成员		任务分工	
姓名	任务角色		

获取信息

引导问题1：高速铁路动车乘务组终到作业包含哪些内容？

引导问题2：高速铁路动车列车长终到前作业包含哪些内容？

引导问题3：高速铁路动车列车长终到站停作业包含哪些内容？

引导问题4：高速铁路动车列车长终到退乘作业包含哪些内容？

引导问题5：高速铁路动车列车长终到折返作业包含哪些内容？

引导问题6：高速铁路动车列车员终到前作业包含哪些内容？

引导问题7：乘务组在折返公寓保休时应遵守哪些要求？

制订计划

根据所收集的资料，制订高速铁路动车乘务组终到工作计划，计划内容包括作业流程、风险分析、安全卡控措施和需要用到的工具或设备清单（表格可另附页），完成表1-15。

高速铁路动车乘务组终到工作计划　　　　　　　　表1-15

步骤	作业流程	风险分析	安全卡控措施	工具清单
1				
2				
3				
4				
5				

任务实施

根据学习情境描述,结合高速铁路动车乘务组在终到作业阶段的分工、实训场地和设备,编制乘务组的终到作业计划。

评价反馈

日期:　　年　　月　　日

实训项目名称:

成员:　　　　　　　　　　　　　　　　　　　　　　成绩:

序号	评价项目	评分标准	满分	评价 自评	评价 互评	评价 师评	综合得分
1	仪容仪表	按规定着装,仪容整洁,符合规范要求,精神状态饱满	10				
2	作业准备	精神状态符合规范要求,按规定准备工具和备品	10				
3	作业内容	作业内容无缺项、漏项,符合规范要求	30				
4	作业联控	及时、准确、清晰,用语规范	20				
5	作业安全	严格执行安全卡控,无安全事故发生	20				
6	职业素养	体现安全生产、组织纪律、敬业精神等	10				

相关知识

终到作业主要包括终到前作业、终到站停作业、终到退乘作业、折返作业。

一、终到前作业

(一)列车长终到前作业

1. 终到检查

全面巡视车厢,检查防火安全、设备设施状态。检查列车员对空座小桌板、遮光帘(幕)、脚蹬收起复位等情况。检查保洁人员垃圾收取、垃圾袋撤换情况。检查卫生恢复情况,落实终到卫生质量标准,对当趟随车保洁作业情况进行点评及考核,并签字确认。检查备品的定位及消耗品的使用和补充情况。

2. 餐售确认

检查餐售到站前作业,餐台、后厨、前厅卫生全面清理,按规定时间收取商品、货物,与餐车长核对饮品、休闲食品使用数量和售货款,并签字确认。

3. 票款清点

填记表报簿册,审核票据、清点票款。

4. 掌握重点

列车到站前,掌握车内旅客情况,对有特殊需求的旅客,应与车站提前联系,让车站做好准备。

图 1-8　车门立岗

5. 到站立岗

到站前,巡视车厢,到指定车门位置立岗,如图 1-8 所示,加强对旅客的宣传引导。

6. 到站宣传

提示列车员做好到站宣传,提醒旅客整理好随身携带物品,做好下车准备,组织重点旅客提前到车门口等候下车。

7. 故障确认

当列车入库时,终到前将服务设施故障问题填写在动车组固定服务设施状态检查记录内,与机械师签字确认。

8. 播放广播

列车停稳后,提醒兼职售货员播放终到到站广播。

(二)列车员终到前作业

1. 全面巡视

全面巡视车厢,检查防火安全、设备设施状态。对空余座位遮光帘(幕)、小桌板、座椅(扶手)和脚蹬等进行复位。

2. 全面清扫

全面清理卫生,清理小桌板、座椅面、地面上杂物,对电茶炉、卫生间、通过台进行全面擦拭,确保无污渍、无水迹,白钢部件光亮。使用清洁车收取垃圾,对满溢垃圾袋及时更换,系紧扎严,在垃圾投放站指定位置投放。垃圾袋损坏时要及时套袋,防止外漏。按照卫生间包保制度,检查责任车厢卫生间卫生及备品补充情况。

3. 赠品清点

负责商务座、特等座、一等座车的列车员与餐车长清点饮品、休闲食品和专项服务备品数量,并向列车长报告。

4. 兼职作业

兼职售货员到站前 40min 与餐车长进行商品交接,上交售货款并报告列车长。交接结束后,到 5、6(13、14)车对终到卫生进行清理并对备品进行补充。(5、6、13、14 的终到卫生和备品补充作业,兼职售货员负主体责任。)

5. 设备确认

终到前对责任车厢的设备设施情况进行确认并向列车长汇报,监控广播、电子屏、视频播放器的播放内容及显示情况,发现异常及时报告列车长。

6. 清点备品

清点列车剩余备品,统计好备品数量及时向列车长汇报。

7. 终到提示

到站前5min,广播通告提醒旅客做好下车准备,遇雨雪天气时,还应提醒旅客注意安全乘降。巡视车厢,唤醒休息旅客,提醒旅客整理好随身携带物品,帮助重点旅客提前到车门处做好下车准备。

8. 播放广播

列车停稳后,提醒兼职售货员播放终到到站广播。

9. 车门立岗

到指定车门位置处立岗。

二、终到站停作业

(一)列车长终到站停作业

1. 立岗送别

列车到站停稳后,在指定车门处立岗,送别旅客,协助重点旅客下车。

2. 办理交接

在立岗位置对重点旅客与车站客运值班员办理重点旅客的交接。与车站指定高铁快件交接人员按装载清单办理交接。

3. 全面巡视

确认旅客下车完毕后,对车厢进行全面巡视,检查终到卫生质量,以及是否有旅客遗失物品,发现旅客遗失物品及时交车站处理。

(二)列车员终到站停作业

1. 立岗服务

列车到站停稳后,在指定车门处立岗,组织旅客下车。

2. 保洁清扫

旅客下车完毕后,全面清理卫生,旋转座椅方向,整理车容,在车站指定位置投放垃圾。

3. 检查遗失

根据车厢分工,对车厢进行全面巡视,按照行李架、窗台、座椅、网袋、座椅下、盥洗间、卫生间的顺序检查旅客遗失物品,发现旅客遗失物品应及时报告列车长,不得私自打开。

三、终到退乘作业

(一)列车长终到退乘作业

1. 准备退乘

组织列车员、保洁人员收取剩余消耗品,整理乘务备品,定位摆放清洁工具,将清扫工具、去污粉、喷壶集中,确认齐全与客运质检员(接班列车长)办理业务交接,做到交接事项清楚、手续完备。恢复金柜初始设置密码,组织列车员将乘务备品摆放到站台上。

2. 组织退乘

带领乘务人员统一列队到出站口,由专人护送(配备乘警的,由乘警护送)到规定地点解款后,组织列车员按规定线路退乘,做到步伐一致,箱(包)在同一侧,列车长在队伍尾部,到动车派班室点名退乘。

3. 召开退乘会

组织乘务人员召开退乘会,点评当趟乘务工作,登录客运管理信息系统,完善乘务报告,发放手机和烟火。

4. 上交设备

到车队上交视频监控等设备,到收入科上交补票设备,相关备品、表簿按规定交接和存放,相关信息及时上报、上传。

5. 折返保休

(1)严格执行折返站有关管理办法,票据入金柜加锁;严禁私自外出饮酒、赌博、横越线路、钻车,遇有特殊情况需要外出时要执行请假制度,列车长需指定陪同人员,按规定时间返回,做到同去同归,不得单独行动,确保交通安全。

(2)在公寓保休时,严格遵守公寓有关规章制度,保持公寓内外卫生整洁,按规定房间、床位休息,离开公寓前要对公寓卫生进行清扫,对房间备品进行清点定位,发生丢失损坏按价赔偿,列车长必须检查验收合格后方可离开。折返出乘前组织召开出乘会,收缴烟火、手机。

(二)列车员终到退乘作业

1. 整理备品

按照责任车厢整理相关备品,清点消耗品数量,告知列车长。整理乘务设备,确认齐全后下车列队。

2. 列队退乘

统一列队,按指定路线行走到公寓保休。做到步伐一致,箱(包)在同一侧,列车长在队伍尾部。到动车派班室点名退乘,参加退乘会。

四、折返作业

(一)列车长折返作业

1. 保洁清扫

按质量标准组织列车员及折返站保洁人员做好折返保洁作业,补充消耗品,整理杂志、清洁袋,投放垃圾。遇列车晚点先要保证座椅旋转完毕后,再进行其他作业。

2. 检查设备

对列车设备、设施进行巡检,巡检发现的问题应及时告知随车机械师进行检查修复。

3. 登录系统

登录站车客运信息无线交互系统手持终端,掌握售票情况。

4. 站台立岗

折返站车站放行旅客后,列车长在指定车门处面向旅客放行方向立岗,迎接旅客上车。在立岗位置与车站指定高铁快件交接人员按装载清单办理交接,并将情况告知列车员。

5. 监控广播

折返站开车前10min提示兼职售货员播放开车前音乐。开车前5min,播放开车前广播。

6. 确认发车

开车前2min提示列车员确认旅客乘降、餐车物品、高铁快件装卸情况。督促列车员对车门处逗留、吸烟的旅客进行安全提示,及时提示列车员组织旅客乘降。开车前,接到车站与客运有关的作业完毕通知和列车员旅客乘降完毕、兼职售货员站车订餐交接完毕汇报后,按规定通知司机或随车机械师关闭车门(重联时,后组列车长确认本组作业完毕后,用对讲机客运频道向前组列车长报告,由前组列车长用无线列调对讲机行车频道向司机报告)。遇动车组初起叫停等特殊情况时,及时采取措施,妥善处理。

（二）列车员折返作业

1. 保洁清扫

协助折返保洁人员做好卫生恢复,协助随车保洁人员补充列车消耗品,确保卫生标准符合始发卫生标准、消耗品补充齐全。

2. 赠品请领

负责商务座和跨局直通列车特等座、一等座车厢的列车员对休闲食品数量进行清点。需要补充时,要及时到餐车请领,并将请领数量向列车长报告。

3. 站台立岗

在始发站放客前5min,根据列车长通知整理仪容、服饰,立岗迎接旅客上车,做到仪容整洁,服饰统一、规范,立岗姿势标准。

4. 解答问询

有旅客问询时,应保持微笑、耐心解答旅客问题,并妥善安排重点旅客。

5. 车内引导

车站放行旅客时,列车员在分工车厢,引导重点旅客就座、协助安放行李物品、检查卫生间卫生。开车前5min,回到指定位置立岗。

6. 播放广播

折返站开车前10min,兼职售货员播放开车前音乐。开车前5min,播放开车前广播。

7. 确认乘降

开车前,站到立岗站台侧车门处对负责车厢进行瞭望,确认旅客乘降、高铁快件和餐车物品装卸完毕后报告列车长。列车关闭车门后,列车员在站台侧车门处立岗,并监控车门状态,遇特殊情况时,立即向列车长汇报,采取措施,妥善处理。列车关闭车门后,列车员在站台侧车门处立岗。列车出站台后回场。

知识拓展

行车公寓乘务员须知

(1) 住寓人员凭乘务报单或有效乘务证件、监察(查)人员和添乘干部凭路局及以上机关签发的监察证和添乘证等有效证件办理住宿手续。在值班室登记后,按指定的房间、床位住宿,不得擅自更换房间、床位,不得多占用卧具和挪用其他房间的备品。

(2) 爱护公共财物。爱护行车公寓的设施设备、卧具备品,如有丢失或损坏,报驻寓队长或公寓主任,按规定赔偿。

(3) 遵守行车公寓安全管理规定,不准在行车公寓房间内使用电、柴(煤)油炉、电饭煲、电磁炉等设备。

(4) 不准在行车公寓内大声喧哗,不准在住宿房间内进行一切娱乐活动。

(5) 语言文明,举止大方,穿着适度,礼貌待人。

(6) 不随地吐痰,不乱扔(倒)污物,禁止将腥臭物和禽畜带入室内。

(7) 严禁在行车公寓从事任何违法活动。

(8) 保管好自己的物品,不私自带人住宿,不卧床吸烟,严禁携带危险品入寓。

(9) 支持行车公寓工作,自觉遵守公寓制度和规定,发现问题及时向驻寓队长、公寓主任反映,以便改进和提高服务质量。

项目 2

高速铁路动车客运业务作业

奋进力量

老伴儿丢了,有你们在我就不急

临近春节,70岁的旅客刘龙须在火车站把老伴儿丢了,却一点儿也不着急。

某年2月11日9:15,终到商丘的G801次列车从北京西站准点驶出。餐车上,一位满头银发的老大爷一手捧着保温杯,另一只手轻轻拍着桌面,神情悠闲自在,怎么看都不像丢了老伴儿的样子。

他就是刘龙须,河南商丘人。1个小时前,他带着71岁的老伴儿到北京西站坐高铁回老家,没想到走散了。

"俺们跟着一群人走,结果发现上错车了,就赶紧下车。我下来了,她走得慢没下来,车就开了。"刘龙须说,"下车后我看见站台上有个人(春运志愿者),跟她说老伴儿丢了,我不识字,不知道该上哪个车。她把我交给一个穿制服的小伙儿,我才坐上这个车。"

"知道我老伴儿坐错车后,儿子急忙打电话来问。我跟他讲,我上车了,不用急,既然坐在这个车上,铁路就管安排。不管你到哪个车站,只要把情况一说,他们能给你解决的就给你解决。"刘龙须对记者说。

刘龙须说的"他们"就包括王洋,郑州客运段高铁一队G801次列车长。王洋介绍说,9:10左右,他安排老大爷在餐车上坐好。"我了解老奶奶是错上了G81次列车,这趟车终到贵阳北站,也过郑州东站。我通过北京西站和G81次列车长取得联系,找到了那个老奶奶。G81次列车长告诉老奶奶不用着急,肯定能把她送上回家的车。"

11:48,G801次列车抵达郑州东站,王洋领着刘龙须来到站台。6min后,车站工作人员领着他的老伴儿来到眼前,刘龙须快步上前,从老奶奶手中接过行李。两人欢欢喜喜地上了车。

来源:改编自人民铁道网《老伴儿丢了,有你们在我就不急》

请同学们思考一下,如果在列车上旅客行程发生变化或遇特殊情况应该怎么办呢?

学习情境2.1 不符合乘车条件业务作业

学习情境描述

2024年1月1日,你所值乘的G×次(北京—沈阳北)列车在山海关站开车后,列车长组织查验车票。列车员在3号车厢1D席位发现一名醉酒旅客为无票乘车,经查询,该旅客持有当日该车次秦皇岛到山海关区间的车票,声称要乘车至锦州南站,但拒绝支付费用,应如何处理?

学习目标

知识目标

1. 掌握旅客乘车的基本条件。
2. 掌握运输企业拒绝运送和运输合同终止的办理方法。
3. 掌握旅客不履行义务的处理。

技能目标

1. 能处理旅客有意不履行乘车义务的情况。
2. 能处理旅客无意不履行乘车义务的情况。
3. 能根据拒绝运送规定处理旅客违章乘车问题。

素质目标

1. 树立严谨细致的工作态度和遵章守纪的工作意识。
2. 秉承"人民铁路为人民"的服务宗旨灵活处理旅客不符合条件乘车,提高语言表达能力,增强服务意识。

任务分组

请同学们自行组队并分配角色,填写表2-1,共同完成处理旅客不符合乘车条件业务作业,可邀请其他小组同学充当旅客角色。

学生任务分配表　　　　　　　　　　表2-1

任务名称:旅客不符合乘车条件业务作业　　　　指导老师:

班级		日期	
班组		组长	
班组成员		任务分工	
姓名	任务角色		

获取信息

引导问题 1：旅客的乘车凭证是购票时使用的_____。

引导问题 2：旅客应当按照有效车票载明的_____、_____、_____、_____和_____乘车。

引导问题 3：视力残疾旅客可以携带导盲犬进站乘车，但需准备哪些证件？
_____
_____

引导问题 4：列车应如何处理无票乘车而又拒绝补票的旅客？
_____
_____

引导问题 5：什么情况下列车可拒绝运输或终止运输合同，请举例说明（2 种情况即可）。
_____
_____

引导问题 6：列车判断旅客为有意不履行旅客运输合同义务，应如何处理？
_____
_____

引导问题 7：列车判断旅客为无意不履行旅客运输合同义务，应如何处理？
_____
_____

引导问题 8：列车的验票工作应由_____负责组织实施，由乘警、列车员等有关人员配合，验票原则为每_____ km 一次。

制订计划

根据所收集的资料，制订处理旅客不符合乘车条件的工作计划，计划内容包括作业流程、风险分析、安全卡控措施和需要用到的工具或设备清单（表格可另附页），完成表 2-2。

旅客不符合乘车条件业务工作计划 表 2-2

步骤	作业流程	风险分析	安全卡控措施	工具清单
1				
2				
3				
4				
5				

任务实施

根据学习情境描述,结合动车组乘务人员组成、工作责任划分、实训场地和设备,编制实训演练关键程序和关键对话脚本(可另附页),根据实训演练脚本,操作相关实训室设备,开展处理旅客不符合乘车条件作业模拟演练。

评价反馈

日期:　　年　　月　　日

实训项目名称:

成员:　　　　　　　　　　　　　　　　　　　　　　　　成绩:

序号	评价项目	评分标准	满分	评价 自评	评价 互评	评价 师评	综合得分
1	仪容仪表	按规定着装,仪容整洁,符合规范要求,精神状态饱满	10				
2	作业准备	精神状态符合规范要求,按规定准备工具和备品;演练方案及程序完整,人员分工、工具、行动及沟通等在方案中明确落实,环节完整,程序正确	20				
3	业务处理	能按章正确处理业务;补收和加收票款正确	20				
4	作业流程	处置要点齐全,流程合理;设备操作熟练、动作准确,符合规范;演练中各岗位、各环节衔接紧密,配合流畅默契	20				
5	作业安全	严格执行安全卡控和风险管理,无安全事故发生	20				
6	职业素养	体现安全生产、职业素养、组织纪律、敬业精神、服务精神等	10				

相关知识

一、旅客乘车条件

2024版《中国国家铁路集团有限公司铁路旅客运输规程》中第二十四至第二十七条规定,旅客乘车的基本条件如下:

(1)旅客的乘车凭证是购票时使用的有效身份证件;随行免费乘车儿童的乘车凭证是其申明时所使用的儿童有效身份证件。

(2)旅客应当按有效车票载明的日期、时间、车次、车厢号、席位号和席别乘车。

(3)持低票价席别车票的旅客不能在高票价席别的车厢(区域)滞留。

(4)视力残疾旅客可以携带取得导盲犬工作证(载有导盲犬使用者信息,盖有公安部门或残疾人联合会公章,或带有国际导盲犬联盟标识"IGDF"),用于辅助视力残疾人工作、生活的导盲犬进站乘车。旅客进站、乘车时,需主动出示残疾人证、导盲犬工作证、动物健康免疫证明等证件,携带的导盲犬接受安全检查。

二、列车车票查验工作

列车的验票工作应由列车长负责组织实施,由乘警、列车员等有关人员配合,验票原则为每400km一次,运行全程不足400km的列车应查验一次,特殊区段由列车长决定查验次数的增减。对于持用减价票和铁路签发的各种乘车证的旅客,验票时应检查、对照减价凭证和规定的相应证件。

旅客持购票时所使用的有效身份证件进站、乘车、出站,行程信息提示、报销凭证、购票短信和购票截图均不能作为进出站和乘车凭证使用。站、车工作人员应严格查验旅客购票时所使用的有效身份证件,对无法提供有效证件的,票、证、人不一致的,以及乘车日期、车次不符的,车站工作人员拒绝其进站、乘车;列车上或车站出站口发现的,及时办理补票手续。

铁路稽查人员凭稽查证件、佩戴稽查标识可以在列车内验票。铁路稽查执行任务时,应事先与列车取得联系,特殊情况可执行任务。列车长、乘警及其他列车工作人员对稽查工作应予以配合。

三、不符合乘车条件的处理

不符合乘车条件的处理

2024版《中国国家铁路集团有限公司铁路旅客运输规程》中第四十一条规定,有下列行为时,铁路运输企业按规定补票,并加收已乘区间应补票价50%的票款:

(1)无票乘车且未主动补票时,补收自乘车站(不能判明时自始发站)起至到站止的车票票款。持失效车票乘车或在车票到站后不下车继续乘车的,按无票处理。

(2)持用变造、伪造或涂改的乘车凭证乘车时,除按无票处理外并送交公安部门处理。

(3)票、证、人不一致的,按无票处理。

(4)持用低票价席别车票乘坐高票价席别时,补收所乘区间的票价差额。

(5)旅客持优惠票、优待票,没有规定的减价凭证或不符合减价条件时,按照全价票价补收票价差额。

2024版《中国国家铁路集团有限公司铁路旅客运输规程》中第四十二条规定,有下列情况时应当补收票款:

(1)应购买儿童优惠票而未买票的儿童,补收儿童优惠票票款。

(2)应购买全价票而购买儿童优惠票乘车的未成年人,应补收儿童优惠票票价与全价票价的差额。

(3)主动补票或者经站、车同意上车补票的。

学习案例2-1

2024年1月1日,你值乘的G×次(北京—沈阳北)列车,锦州南站开车后查验车票,发现一位旅客持当日该车次山海关到沈阳北区间的二等座全价车票乘坐一等座,办理补票手续时旅客提出返回二等座,列车应如何处理?

处理办法及过程:持用低票价席位的车票乘坐高票价席位时,补收所乘区间票价差额,加收已乘区间应补票价50%的票款。

山海关—锦州南

补收一等座与二等座票价差:81.00－51.00＝30.00(元)

加收50%的票款:30.00×50%＝15.00(元)

合计:30.00＋15.00＝45.00(元)

使用列车移动补票设备办理,核收旅客45.00元。

四、拒绝运送和运输合同的终止

(一)对无票乘车而又拒绝补票的人的处理

2024版《中国国家铁路集团有限公司铁路旅客运输规程》中第四十三条规定,对无票乘车而又拒绝补票的人,列车长可责令其下车并应编制客运记录交前方三等以上车站或县、市所在地车站处理(其到站近于上述车站时应交到站处理)。车站对列车移交或本站发现的上述人员应追补应收和加收的票款。

(二)拒绝运送和终止运输合同的情况

2024版《中国国家铁路集团有限公司铁路旅客运输规程》中第四十四条规定,对下列旅客,站、车均可拒绝其进站、上车或责令其下车;对责令其下车的,其未使用至到站的票款不予退还,运输合同即行终止。

(1)有规程第四十一条规定的情况之一,拒不支付应补票款和加收票款的;

(2)不接受安全检查的,坚持携带或者夹带禁止、限制物品的;

(3)不接受车票实名制查验的;

(4)在站、车内寻衅滋事、扰乱公共秩序,患有烈性传染病、严重精神障碍和醉酒等有可能危及列车安全或者其他旅客以及铁路站、车工作人员人身安全的;

(5)告知列车无运输能力后,无票继续越站乘车的;

(6)国家规定的其他情况。

学习情境2.2 旅行变更业务处理

学习情境描述

2024年1月1日,你所值乘的G×次(北京南—上海虹桥)列车在沧州西站开车30min后,一旅客找到你自述同行旅客出现头晕、发冷并伴有抽搐的症状,需下车治疗,此时列车即将到达前方车站济南西站,应如何处理?

学习目标

知识目标
1. 掌握旅客因伤病中途下车的处理规定。
2. 掌握车票改签的规定。
3. 掌握旅行变更的相关规定。

技能目标
1. 能根据规章处理旅客因伤病中途下车的业务。
2. 能根据规章为旅客办理车票改签业务。
3. 能根据规章为旅客办理旅行变更业务。

素质目标
1. 树立严谨细致的工作态度和遵章守纪的工作意识。
2. 树立"人民铁路为人民"的服务意识,提高应急处置能力。
3. 提高沟通协调能力,培养举一反三的知识迁移能力。

任务分组

请同学们自行组队并分配角色,填写表2-3,共同完成旅客旅行变更业务处理,可邀请其他小组同学充当旅客角色。

学生任务分配表　　　　　　　　　表2-3

任务名称:旅客旅行变更业务处理　　　　指导老师:

班级		日期	
班组		组长	
班组成员		任务分工	
姓名	任务角色		

获取信息

引导问题1：旅客因伤病中途下车需退票时如何办理？

_____

_____

引导问题2：什么是车票的改签？

_____

_____

引导问题3：如何为旅客办理改签？

_____

_____

引导问题4：旅客可以在哪些地方办理改签车票作业？

_____

_____

引导问题5：旅客在车站售票窗口办理车票改签时，应携带什么证件？

_____

_____

引导问题6：若旅客已打印报销凭证，想要办理车票改签，应如何办理？

_____

_____

引导问题7：旅客由于自身原因导致的席位变更，应如何办理？

_____

_____

引导问题8：如何为旅客办理越站乘车业务？

_____

_____

引导问题9：由于铁路责任导致的旅客席位变更，应如何办理？

_____

_____

制订计划

根据所收集的资料，制订旅客旅行变更业务处理工作计划，计划内容包括作业流程、风险分析、安全卡控措施和需要用到的工具或设备清单（表格可另附页），完成表2-4。

旅客旅行变更业务处理工作计划　　　　　　　　　　表 2-4

步骤	作业流程	风险分析	安全卡控措施	工具清单
1				
2				
3				
4				
5				

任务实施

根据学习情境描述，结合动车组乘务人员组成、工作责任划分、实训场地和设备，编制实训演练关键程序和关键对话脚本（可另附页），根据实训演练脚本，操作相关实训室设备，开展处理旅客旅行变更业务处理的模拟演练。

评价反馈

日期：　　年　　月　　日

实训项目名称：

成员：　　　　　　　　　　　　　　　　　　　　成绩

序号	评价项目	评分标准	满分	评价 自评	评价 互评	评价 师评	综合得分
1	仪容仪表	按规定着装，仪容整洁，符合规范要求，精神状态饱满	10				
2	作业准备	精神状态符合规范要求，按规定准备工具和备品；演练方案及程序完整，人员分工、工具、行动及沟通等在方案中明确落实，环节完整，程序正确	20				
3	业务处理	能按章正确处理业务；补收和退还票款正确	20				
4	作业流程	处置要点齐全，流程合理；设备操作熟练、动作准确，符合规范；演练中各岗位、各环节衔接紧密、配合流畅默契	20				
5	作业安全	严格执行安全卡控和风险管理，无安全事故发生	20				
6	职业素养	体现安全生产、职业素养、组织纪律、敬业精神、服务精神等	10				

相关知识

一、旅客因伤、病中途退票

2024 版《中国国家铁路集团有限公司铁路旅客运输规程》中第五十条规定，旅客旅行途中因伤、病不能继续旅行时，经站、车核实，可在下车后 30 日以内到下车站办理退票，退还已收票价与已乘区间票价差额，核收退票费；同行人同样办理。

二、车票改签

改签是指旅客变更乘车日期、时间、车次、席位、席别和到站时需办理的签证手续。

（一）办理规定

2024 版《中国国家铁路集团有限公司铁路旅客运输规程》中第二十八条规定，旅客可办理一次改签，在铁路运输企业有运输能力的前提下，按下列规定办理：

(1)开车前 48 小时以上，可免费改签预售期内的列车。

(2)开车前不足 48 小时，可免费改签车票载明的乘车日期以前的列车。

(3)开车前不足 48 小时，可改签车票载明的乘车日期之后预售期内列车，核收改签费。

(4)开车后，在当日 24 时之前，可免费改签当日其他列车。

(5)开车后，在当日 24 时之前，可改签车票载明的乘车日期之后预售期内列车，核收改签费。

(6)办理变更到站的改签时，应在开车前 48 小时以上，原车票已托运行李的，还应办理行李变更或取消业务。

2024 版《中国国家铁路集团有限公司铁路旅客运输规程》中第三十六条规定，必要时，铁路运输企业可以临时调整改签办法。

（二）办理方法

2024 版《中国国家铁路集团有限公司铁路旅客运输规程》中第二十九条规定，旅客可在车站售票窗口、12306 网站和具备改签功能的自动售票机办理改签。

凭各种有效身份证件购买的车票均可在车站售票窗口办理改签，但已开具报销凭证的和使用现金支付方式购买的车票，仅可在车站售票窗口办理改签；凭 12306 网站购票证件且使用电子支付方式购买的车票，可通过 12306 网站办理改签；在具备改签功能的自动售票机办理改签时，应按系统提示办理。

改签后如需改签费报销凭证的，可在办理之日起 180 日以内，凭改签时所使用的有效身份证件到车站售票窗口、自动售票机开具。

2024 年 11 月 1 日起，铁路全面推广数字化的客运电子发票服务。旅客办理境内铁路电子客票购票、退票、改签业务后，在行程结束或者支付退票（改签）费用后 180 天内，可登录本人铁路 12306（网站和移动客户端）账户申请开具电子发票。

(三)改签费用

2024版《中国国家铁路集团有限公司铁路旅客运输规程》中第三十二条规定,旅客办理改签时,改签后的车票票价高于原票价时,核收票价差额;改签后的车票票价低于原票价时,退还票价差额,核收票价差额的退票费。

改签费按如下梯次标准核收:

(1)距票面乘车站开车前48小时以上改签时,或开车前不足48小时改签票面乘车日期及以前的列车时,以及开车后在当日24时之前改签当日其他列车时,均不收改签费。

(2)开车前24小时以上、不足48小时,改签票面乘车日期之后的列车时,按改签前后低票价车票票面价格的5%计。

(3)开车前不足24小时,改签票面乘车日期之后的列车时,按改签前后低票价车票票面价格的15%计。

(4)开车后在当日24时之前,改签次日及以后列车时,按改签前后低票价车票票面价格的40%计。

(5)上述计算的尾数以5角为单位,尾数小于2.5角的舍去、2.5角及以上且小于7.5角的计为5角、7.5角及以上的进为1元。

三、旅行变更

旅客在乘车途中发生旅行变更有两种原因,一种是旅客自己要求办理变更席位、越站乘车等旅行变更,另一种是因铁路运输企业责任造成旅客车次、席位等改变的旅行变更。

(一)旅客责任变更

1.席位变更

2024版《中国国家铁路集团有限公司铁路旅客运输规程》中第三十三条规定,旅客在列车上办理席位变更时,变更后的票价高于原票价时,核收票价差额;变更后的票价低于原票价时,票价差额部分不予退还。

学习案例2-2

2024年1月1日,你所值乘的G×次(北京—沈阳北)列车锦州南站开车后,一旅客持当日当次北京至沈阳北二等座车票一张,要求改乘一等座,一等座票额充足,应如何处理?

处理办法及过程:旅客在列车上办理席位变更时,变更后的票价高于原票价时,核收票价差额。

锦州南—沈阳北

二等座票价:69.00元

一等座票价:110.00元

票价差额:110.00 − 69.00 = 41.00(元)

使用列车移动补票设备办理,核收41.00元。

2. 越站乘车

2024版《中国国家铁路集团有限公司铁路旅客运输规程》中第三十五条规定,旅客要求越过车票到站继续乘车时,须在原车票到站前提出,在有运输能力的情况下列车可予以办理,核收越站区间的票款。

旅客同时提出变更席位和越站乘车时,应先办理越站,后办理变更。儿童在列车上办理越站时,以越站车票乘车日期计算年龄。

学习案例2-3

2024年1月1日,你所值乘的G×次(北京—沈阳北)列车运行至山海关站到站前,一旅客持当日当次北京至山海关二等座车票一张,要求继续乘车至锦州南站,列车票额充足,应如何处理?

处理办法及过程:旅客要求越过车票到站继续乘车时,在有运输能力的情况下列车可予以办理,核收越站区间的票款。

越站区间　山海关—锦州南

二等座票价:51.00元

使用列车移动补票设备办理,核收51.00元。

(二)铁路责任变更

2024版《中国国家铁路集团有限公司铁路旅客运输规程》中第三十四条规定,因铁路运输企业责任使旅客不能按车票载明的日期、时间、车次、车厢号、席位号、席别乘车时,站、车应妥善安排。重新安排的席位票价高于原票价时,超过部分不予补收;低于原票价时,应当退还票价差额,不收退票费。

遇动车组列车始发前车底置换,导致部分旅客在已购有效电子客票乘车区间使用的席位由高等级调整到低等级时,列车工作人员可通过站车交互系统程序,在线办理相应区间席位等级退差手续。

1. 操作流程

列车始发局客票管理所接到车底置换调令后,使用"计划管理"程序"席位置换"功能,生成席位置换通知单,自动同步至站车交互系统,列车工作人员使用站车交互系统程序中"换座退差"功能,查询席位降级相关信息,核对实际席位使用情况后,为旅客办理退差申请手续。系统收到申请后,启动相应退款流程。

2. 办理规则

列车工作人员完成"换座退差"流程操作,系统自动生成电子客运记录,并依据电子客运记录办理退差手续。使用电子支付且未领取报销凭证的,系统将应退票款自动返还至原支付账户,使用现金购票或已领取报销凭证的,需到车站人工窗口办理领款手续,交回报销凭证。系统完成业务办理后发送退差成功短信。

学习案例2-4

2024年1月1日,你所值乘的G×次(北京朝阳—沈阳南)列车由于临时更换车底造成部分旅客由一等座改坐二等座。一旅客持当日当次北京朝阳至沈阳南一等座车票被安排乘坐二等座,应如何处理?

处理办法及过程:因铁路运输企业责任使旅客不能按车票载明的席别乘车时,站、车应妥善安排。重新安排的席位票价低于原票价时,应当退还票价差额,不收退票费。

北京朝阳—沈阳南

已收一等座票价:572.50 元

应收二等座票价:358.00 元

退还票价差额:572.50 - 358.00 = 214.50(元)

具体处理过程:动车组列车更换车底造成旅客席位降级需退款时,列车工作人员通过站车无线交互系统完成"换座退差"流程操作(系统自动生成电子客运记录,并依据电子客运记录办理退差手续),使用现金支付或已经打印报销凭证的,自办理退差手续之日起 180 天内至车站指定窗口完成退款。

学习情境2.3 旅客运输中的特殊情况处理

学习情境描述

2024年3月1日,你所值乘的G×次(丹东—上海虹桥)列车南京南站开车后5min,在巡视车厢时,你接到一名旅客求助,旅客持当日当次本溪至南京南二等座车票,自述为外出务工人员,因第一次乘坐高铁不慎错过了下车站,应如何处理?

学习目标

知识目标

1. 掌握旅客购票身份证件丢失的处理方法。
2. 掌握误售、误购车票和误乘、误降列车的处理方法。
3. 掌握学生票列车核验异常的处理方法。

技能目标

1. 能根据规章处理旅客购票身份证件丢失的业务。
2. 能根据规章处理旅客误售、误购车票和误乘、误降列车的业务。
3. 能根据规章处理学生票核验异常的业务。

素质目标

1. 树立严谨细致的工作态度和遵章守纪的工作意识。
2. 树立"人民铁路为人民"的服务意识,提高应急处置能力。
3. 提高沟通协调能力,培养举一反三的知识迁移能力。

任务分组

请同学们自行组队并分配角色,填写表2-5,共同完成旅客运输中的特殊情况处理作业,可邀请其他小组同学充当旅客角色。

学生任务分配表　　　　　　　　　　　　　表2-5

任务名称:旅客运输中的特殊情况处理　　　　指导老师:

班级		日期	
班组		组长	
班组成员		任务分工	
姓名	任务角色		

获取信息

引导问题1：旅客在乘车前将购票身份证件丢失应如何乘车？

_____

引导问题2：旅客在列车上将购票身份证件丢失应如何处理？

_____

引导问题3：在车站发生旅客车票误售时应如何处理？

_____

引导问题4：旅客误乘、误降列车时应如何处理？

_____

引导问题5：免费将误乘旅客送回时，旅客中途下车如何处理？

_____

引导问题6：列车核验学生票时优惠区间不符，应如何处理？

_____

引导问题7：列车核验学生票时优惠资质异常，应如何处理？

_____

制订计划

根据所收集的资料，制订旅客运输中的特殊情况处理工作计划，计划内容包括作业流程、风险分析、安全卡控措施和需要用到的工具或设备清单（表格可另附页），完成表2-6。

旅客运输中的特殊情况处理工作计划　　　　　　表2-6

步骤	作业流程	风险分析	安全卡控措施	工具清单
1				
2				
3				
4				
5				

任务实施

根据学习情境描述,结合动车组乘务人员组成、工作责任划分,实训场地和设备,编制实训演练关键程序和关键对话脚本(可另附页),根据实训演练脚本,操作相关实训室设备,开展处理旅客运输中的特殊情况处理的模拟演练。

评价反馈

日期:　　年　　月　　日

实训项目名称:

成员:　　　　　　　　　　　　　　　　　　　　成绩

序号	评价项目	评分标准	满分	评价			综合得分
				自评	互评	师评	
1	仪容仪表	按规定着装,仪容整洁,符合规范要求,精神状态饱满	10				
2	作业准备	精神状态符合规范要求,按规定准备工具和备品;演练方案及程序完整,人员分工、工具、行动及沟通等在方案中明确落实,环节完整,程序正确	20				
3	业务处理	能按章正确处理业务;补收和退还票款正确	20				
4	作业流程	处置要点齐全,流程合理;设备操作熟练、动作准确,符合规范;演练中各岗位、各环节衔接紧密,配合流畅默契	20				
5	作业安全	严格执行安全卡控和风险管理,无安全事故发生	20				
6	职业素养	体现安全生产、职业素养、组织纪律、敬业精神、服务精神等	10				

相关知识

一、旅客购票身份证件丢失处理

(一)普通旅客

2024 版《中国国家铁路集团有限公司铁路旅客运输规程》中第四十条规定,旅客购买车票后,丢失购票身份证件的,按以下方式处理:

(1)旅客在乘车前丢失证件的,到该有效身份证件的发证机构办理临时身份证明,凭临时身份证明进出站乘车。

(2)旅客在列车上、出站前丢失证件的,须先办理补票手续,凭后补车票检票出站。在列车上办理时,列车核验席位使用正常的,开具客运记录;在车站办理时,车站核验车票无出站检票记录的，开具客运记录。旅客在乘车日期之日起 30 日以内，凭该有效身份证件发证机构办理的临时身份证明和后补车票（如开具纸质客运记录，还应携带纸质客运记录），到列车的经停站退票窗口办理后补车票与原票乘车区间一致部分的退票手续。办理退票手续时，如核查丢失证件所购原票有出站记录的，后补车票不予退票，无出站记录的，办理退票时，不收退票费。

（二）儿童旅客

持有儿童优惠票的旅客在列车上、出站前丢失购票证件时，如本人或同行成年人旅客可以提供儿童优惠票购票信息时，可按儿童优惠票先办理补票手续，具体检验和退票规则，比照现行丢失购票证件有关规定执行。

如本人或同行成年人旅客无法提供儿童优惠票购票信息时，凭中华人民共和国居民身份证、居民户口簿等可判定年龄的有效身份证件信息补票时，按证件信息判定年龄后补票；凭护照、出入境通行证等无法判定年龄的有效身份证件信息补票时，按成人办理补票。到站后，退票时如核实旅客确实已购儿童优惠票，但后补车票与原票区间不一致时，可通过车站售票窗口人工办理退差手续，未退还票款出具退票报销凭证，其他比照现行丢失购票证件有关规定执行。

二、误售、误购、误乘和误降处理

（一）误售、误购处理

2024 版《中国国家铁路集团有限公司铁路旅客运输规程》中第三十七条规定，在车站售票窗口发生旅客车票误售、误购时，旅客当场提出的，车站换发新票，需退还票价差额时，不收退票费。

铁路运输企业责任导致的误售应为旅客免费办理退票或换发新票。

（二）误乘、误降处理

2024 版《中国国家铁路集团有限公司铁路旅客运输规程》中第三十八条规定，发生误乘、误降时，旅客应向站车工作人员提出。列车长应编制客运记录交前方停车站；车站对本站发现或列车移交的误乘、误降旅客，应指定最近列车免费送回至车票到站或原票乘车站，对出站后提出的不予受理。如误乘旅客提出乘坐本趟列车直接去原票到站时，所乘列车票价高于原票价时，核收票价差额；所乘列车票价低于原票价时，票价差额部分不予退还。

（三）免费送回区间的乘车组织

2024 版《中国国家铁路集团有限公司铁路旅客运输规程》中第三十九条规定，在免费送回区间，旅客不得中途下车。如中途下车，对往返乘车的免费区间，按返程所乘列车等级分别核收往返区间的票款。免费送回区间，旅客应按照铁路运输企业指定的席别乘坐，旅客如提出乘坐高票价席别时，应重新支付高票价席别票款。

学习案例2-5

2024 年 1 月 1 日，你所值乘的 G2634 次（齐齐哈尔南—菏泽东）列车到达长春西站时，长春西站移交给列车 1 名坐过站需送回沈阳北站的误乘旅客，该旅客持当日

G903 次列车(北京朝阳—哈尔滨西)北京朝阳至沈阳北的二等座车票。列车安排旅客在二等座车厢,旅客提出要求乘坐一等座返回沈阳北,一等座票额充足,列车应如何处理?

处理办法及过程:免费送回区间,旅客应按照铁路运输企业指定的席别乘坐,旅客如提出乘坐高票价席别时,应重新支付高票价席别票款。

长春西—沈阳北

一等座票价:218.50元

使用列车移动补票设备办理,核收218.50元。

三、学生票列车核验及异常处理

(一)优惠区间不符

通过优惠资质核验的学生乘车时,列车通过手持作业终端核验学生优惠票区间与学生证中填写优惠区间是否一致。

(1)区间不一致时,对于已购学生优惠票区间超过学生证记载的优惠区间的,核收超过区间的票价差额,已核减的优惠次数不予退还;

(2)不符合学生证中优惠乘车区间或不符合减价优惠条件的,按全程全价核收票价差额,核收加收票款,退还已核减的优惠次数。

(二)优惠资质核验异常

学生在每学年乘车前到车站指定售票窗口或自动售票机、12306网站办理一次本人居民身份证件与火车票学生优惠卡的优惠资质核验手续。未办理或未通过优惠资质核验购买学生优惠票乘车时,列车先办理补收票价差额手续,具体如下:

(1)已购学生优惠票区间与学生证中优惠区间一致时,则按优惠区间补全票价并开具客运记录;

(2)学生已购车票区间超过学生证记载的优惠区间乘车的,分别核收超过区间的票价差额和已购车票区间与优惠区间一致部分的票价差额,并开具客运记录;

(3)对于不符合学生证中优惠乘车区间或不符合减价优惠条件的,按全程全价核收票价差额,退还已核减的优惠次数。

旅客到站后可凭车补车票、学生证和购票时所使用的有效身份证件(列车如开具纸质客运记录,还应携带纸质客运记录),30日以内到车站售票窗口办理资质核验和退票手续。车站核实学生所购学生优惠票符合有关规定后,为其办理资质校验,核验通过的退还已购车票与优惠区间一致部分的车补车票;核验未通过的退还已核减的优惠次数,车补车票不退。不收退票费。

学习情境2.4 旅客携带品及违章携带物品处理

学习情境描述

2024年2月1日早晨7:00许,由北京朝阳开往哈尔滨的G×次列车,在沈阳北站开车后,列车长在巡视车厢过程中发现,3号车厢行李架上有两个无人认领的黑色行李箱,在列车工作人员见证下,乘警对行李箱进行开箱检查,发现箱内装有大量香烟和烟花,列车应如何处理?

学习目标

知识目标
1. 掌握旅客携带品的体积和重量规定。
2. 掌握旅客禁止和限制携带的物品范围。
3. 掌握旅客违规携带物品的处理方法。

技能目标
1. 能判断旅客携带品是否符合铁路规定。
2. 能根据规章处理旅客违章携带物品的业务。

素质目标
1. 树立严谨细致的工作态度和遵章守纪的工作意识。
2. 树立"人民铁路为人民"的服务意识,提高应急处置能力。
3. 提高沟通协调能力,培养举一反三的知识迁移能力。

任务分组

请同学们自行组队并分配角色,填写表2-7,共同完成旅客携带品及违章携带物品处理作业,可邀请其他小组同学充当旅客角色。

学生任务分配表 表2-7

任务名称:旅客携带品及违章携带物品处理　　指导老师:

班级		日期	
班组		组长	
班组成员		任务分工	
姓名	任务角色		

获取信息

引导问题 1：旅客携带品重量有何规定？

引导问题 2：旅客携带品体积有何规定？

引导问题 3：根据 2024 版《中国国家铁路集团有限公司铁路旅客运输规程》，简述哪些物品不得携带进站乘车。

引导问题 4：哪些物品不得带入动车组列车内？

引导问题 5：指甲油、去光剂累计不超过_____毫升。

引导问题 6：根据规定，旅客可携带冷烫精、染发剂、摩丝、发胶、杀虫剂、空气清新剂等自喷压力容器，单体容器容积不超过_____毫升，每种限带_____件，累计不超过_____毫升。

引导问题 7：根据规定，旅客可携带安全火柴不超过_____小盒。

引导问题 8：根据规定，旅客可携带普通打火机不超过_____个。

引导问题 9：根据规定，旅客可携带标志清晰的充电宝、锂电池，单块额定能量不超过_____Wh，含有锂电池的电动轮椅除外。

引导问题 10：旅客携带了超大或超重的物品乘车，列车应如何处置？

引导问题 11：旅客携带了危险品乘车，列车应如何处置？

引导问题 12：旅客携带价值较低的超重物品乘车，列车应如何处置？

制订计划

根据所收集的资料，制订旅客违章携带物品处理工作计划，计划内容包括作业流程、风险分析、安全卡控措施和需要用到的工具或设备清单(表格可另附页),完成表 2-8。

旅客违章携带物品处理工作计划 表 2-8

步骤	作业流程	风险分析	安全卡控措施	工具清单
1				
2				
3				
4				
5				

任务实施

根据学习情境描述,结合动车组乘务人员组成、工作责任划分、实训场地和设备,编制实训演练关键程序和关键对话脚本(可另附页),根据实训演练脚本,操作相关实训室设备,开展处理旅客违章携带物品处理的模拟演练。

评价反馈

日期: 年 月 日

实训项目名称:							
成员:				成绩			
序号	评价项目	评分标准	满分	评价			综合得分
				自评	互评	师评	
1	仪容仪表	按规定着装,仪容整洁,符合规范要求,精神状态饱满	10				
2	作业准备	精神状态符合规范要求,按规定准备工具和备品;演练方案及程序完整,人员分工、工具、行动及沟通等在方案中明确落实,环节完整,程序正确	20				
3	业务处理	能按章正确处理业务;补收费用正确	20				
4	作业流程	处置要点齐全,流程合理;设备操作熟练、动作准确,符合规范;演练中各岗位、各环节衔接紧密,配合流畅默契	20				
5	作业安全	严格执行安全卡控和风险管理,无安全事故发生	20				
6	职业素养	体现安全生产、职业素养、组织纪律、敬业精神、服务精神等	10				

相关知识

高铁列车允许携带物品的范畴和普通旅客列车基本一致,超范围的物品可以办理行李托运或快递运输,旅客的行李由普通旅客列车运输,高铁列车没有行李运输业务。

一、旅客携带品的范围

旅客携带品即旅客未向铁路办理托运,将旅行中所需的零星物品带入乘坐的客车内,这些物品称为旅客携带品。旅客携带品的搬运、看管均由旅客自己负责。一旦丢失和损坏,铁路不负赔偿责任(非承运人责任)。旅客需妥善放置携带品,不得影响公共空间使用和安全。

2024版《中国国家铁路集团有限公司铁路旅客运输规程》中第五十五条规定,每名旅客免费携带品的重量是:儿童10千克,外交人员35千克,其他旅客20千克。每件物品外部尺寸长、宽、高之和不超过160厘米,杆状物品不超过200厘米;但乘坐动车组列车均不超过130厘米;每件重量不超过20千克。

平衡车、滑行器等轮式代步工具须使用硬质包装物妥善包装。

依靠辅助器具才能行动的老、幼、病、残、孕等特殊重点旅客旅行时代步的折叠式轮椅,以及随行婴儿使用的折叠婴儿车,可免费携带并不计入上述范围。

二、旅客禁止和限制携带物品范围

携带违禁物品
进站乘车案例

2024版《中国国家铁路集团有限公司铁路旅客运输规程》中第五十六条规定,旅客携带品应当遵守国家禁止或者限制运输的相关规定。

为保障车站、旅客列车等公共场所内外整洁、空气清新,妨碍公共卫生的物品,能够损坏或污染车辆的物品,以及活动物(导盲犬和作为食品且经封闭箱体包装的鱼、虾、蟹、贝、软体类水产动物除外)不得随身携带乘车。

根据《铁路旅客禁止、限制携带和托运物品目录》,旅客禁止和限制携带物品范围具体规定如下:(图2-1展示了部分违禁品)

(一)禁止托运和随身携带的物品

1. 枪支、子弹类(含主要零部件)

(1)军用枪、公务用枪:手枪、冲锋枪、步枪、机枪、防暴枪等以及各类配用子弹。

(2)民用枪:气枪、猎枪、运动枪、麻醉注射枪等以及各类配用子弹。

(3)道具枪、发令枪、钢珠枪、催泪枪、电击枪等以及各类配用子弹。

(4)上述物品的样品、仿制品。

2. 爆炸物品类

(1)弹药:炸弹、照明弹、燃烧弹、烟幕弹、信号弹、催泪弹、毒气弹、手雷、地雷、手榴弹等。

(2)爆破器材:炸药、雷管、导火索、导爆索、震源弹、爆破剂等。

(3)烟火制品:礼花弹、烟花(含冷光烟花)、鞭炮、摔炮、拉炮、砸炮等各类烟花爆竹,发令纸、黑火药、烟火药、引火线,以及"钢丝棉烟花"等具有烟花效果的制品等。

(4)上述物品的仿制品。

3. 管制器具

(1)管制刀具:根据《管制刀具分类与安全要求》(GA 1334—2016),认定为管制刀具的专用刀具(匕首、刺刀、佩刀、三棱刮刀、猎刀、加长弹簧折叠刀等)、特殊厨用刀具(加长砍骨刀、加长西瓜刀、加长分刀、剔骨刀、屠宰刀、多用刀等)、开刃的武术与工艺礼品刀具(武术刀、剑等),以及其他管制刀具[超过《日用刀具分类与安全要求》(GA/T 1335)规定的尺寸规格限制要求的各种刀具]。

(2)其他器具:警棍、军用或者警用匕首、催泪器、电击器、防卫器、弩、弩箭等。

序号	名称	图样
1	枪子子弹	枪支　仿真枪　子弹　道具枪
2	爆炸物品	手雷　雷管　烟花炮竹　黑火药
3	管制器具	 匕首　三棱刀　弹簧刀　弓弩  警棍　催泪器　电击器　防卫器
4	易燃易爆物品	 汽油　煤油　酒精　油漆 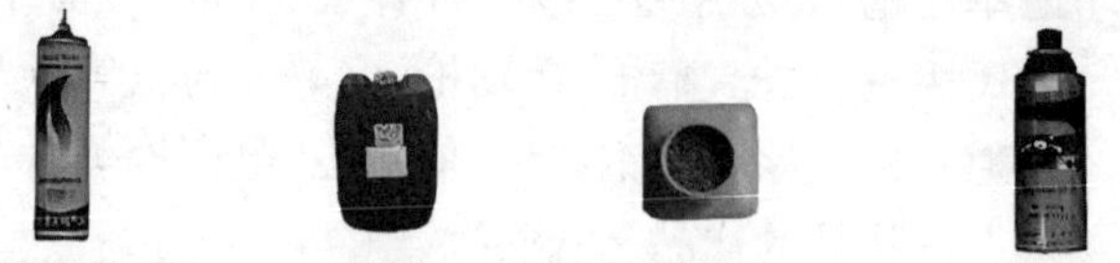 打火机气体(油)　双氧水　黄磷　天然气
5	剧毒性、腐蚀性、传染性、放射性、危险性物品	 农药　毒品　硫酸　水银

图 2-1　禁止携带进站乘车的物品(部分)

4.易燃易爆物品

(1)压缩气体和液化气体:氢气、甲烷、乙烷、环氧乙烷、二甲醚、丁烷、天然气、乙烯、氯乙烯、丙烯、乙炔(溶于介质的)、一氧化碳、液化石油气、氟利昂、氧气(供病人吸氧的袋装医用氧气除外)、水煤气等。

(2)易燃液体:汽油(包括甲醇汽油、乙醇汽油)、煤油、柴油、苯、酒精、酒精体积百分含量大于70%或者标志不清晰的酒类饮品、1,2-环氧丙烷、二硫化碳、甲醇、丙酮、乙醚、油漆、稀料、松香油等。

(3)易燃固体:红磷、闪光粉、固体酒精、赛璐珞、发泡剂H、偶氮二异庚腈等。

(4)自燃物品:黄磷、白磷、硝化纤维(含胶片)、油纸及其制品等。

(5)遇湿易燃物品:金属钾、钠、锂、碳化钙(电石)、镁铝粉等。

(6)氧化剂和有机过氧化物:高锰酸钾、氯酸钾、过氧化钠、过氧化钾、过氧化铅、过醋酸、双氧水、氯酸钠、硝酸铵等。

5. **毒害品**

氰化物、砒霜、硒粉、苯酚、氯、氨、异氰酸甲酯、硫酸二甲酯等高毒化学品以及灭鼠药、杀虫剂、除草剂等剧毒农药。

6. **腐蚀性物品**

硫酸、盐酸、硝酸、氢氧化钠、氢氧化钾、有液蓄电池(含氢氧化钾固体、注有酸液或碱液的)、汞(水银)等。

7. **放射性物品**

指含有放射性核素,并且其活度和比活度均高于国家规定豁免值的物品,详见《放射性物品分类和名录(试行)》。

8. **感染性物质**

包括可感染人类的高致病性病原微生物菌(毒)种和感染性样本,详见《人间传染的病原微生物名录》中危害程度分类为第一类、第二类的病原微生物。

9. **其他危害列车运行安全的物品**

(1)可能干扰列车信号的强磁化物。

(2)硫化氢及有强烈刺激性气味或者有恶臭等异味的物品。

(3)容易引起旅客恐慌情绪的物品。

(4)不能判明性质但可能具有危险性的物品。

10. 法律、行政法规、规章规定的其他禁止携带、运输的物品。

(二)禁止随身携带但可以托运的物品

(1)锐器:菜刀、水果刀、剪刀、美工刀、雕刻刀、裁纸刀等日用刀具(刀刃长度超过60毫米);手术刀、刨刀、铣刀等专业刀具;刀、矛、戟等器械。

(2)钝器:棍棒、球棒、桌球杆、曲棍球杆等。

(3)工具农具:钻机、凿、锥、锯、斧头、焊枪、射钉枪、锤、冰镐、耙、铁锹、镢头、锄头、农用叉、镰刀、铡刀等。

(4)其他:反曲弓、复合弓等非机械弓箭类器材,消防灭火枪,飞镖,弹弓,不超过50毫升的防身喷剂等。

(5)持有检疫证明、装于专门容器内的小型活动物,铁路运输企业应当向旅客说明运输过程中通风、温度条件。但持工作证明的导盲犬和作为食品且经封闭箱体包装的鱼、虾、蟹、贝、软体类水产动物可以随身携带。

（三）限制随身携带的物品

（1）包装密封完好、标志清晰且酒精体积百分含量大于或者等于24%、小于或者等于70%的酒类饮品累计不超过3000毫升。

（2）香水、花露水、喷雾、凝胶等含易燃成分的非自喷压力容器日用品，单体容器容积不超过100毫升，每种限带1件。

（3）指甲油、去光剂累计不超过50毫升。

（4）冷烫精、染发剂、摩丝、发胶、杀虫剂、空气清新剂等自喷压力容器，单体容器容积不超过150毫升，每种限带1件，累计不超过600毫升。

（5）安全火柴不超过2小盒，普通打火机不超过2个。

（6）标志清晰的充电宝、锂电池，单块额定能量不超过100Wh，含有锂电池的电动轮椅除外。

（7）法律、行政法规、规章规定的其他限制携带、运输的物品。

（四）其他可携带物品

（1）公益性"慢火车"可以允许旅客随身携带少量家禽家畜和日用工具农具。铁路运输企业与旅客另有约定的，按照其约定。

（2）军人、武警、公安民警、民兵、射击运动员等人员依法可以携带、托运枪支弹药或者管制器具的，按照国家有关规定办理。

（3）在特定区域、特定时间，中央和国家有关部门根据需要依法决定提升铁路旅客禁止、限制携带和托运物品查控标准的，从其规定。

三、旅客违规携带物品的处理

2024版《中国国家铁路集团有限公司铁路旅客运输规程》中第五十七条规定，旅客违规携带的物品按下列规定处理：

（1）在乘车站禁止进站上车。

（2）在车内或下车站，对超过免费重量的物品，其超重部分应自上车站至下车站补收行李运费。对不可分拆的整件超重、超大物品、活动物，按该件全部重量补收上车站至下车站行李运费。列车不具备补收条件时可交前方停车站处理。

（3）发现危险品或禁止、限制运输的物品，妨碍公共卫生的物品，损坏或污染车辆的物品时，列车交前方停车站处理，车站按该件全部重量加倍补收上车站至下车站行李运费；涉嫌违法犯罪的送交公安部门处理，对有必要就地销毁的危险品或禁限物品应按有关规定处理。

（4）如旅客超重、超大的物品价值低于运费时，可按物品价值的50%核收运费。

（5）补收运费时，不得超过本次列车的始发站和终到站。不能判明上车站时，自始发站起计算。

学习案例2-6

2024年3月1日，D501次（北京—锦州南）列车山海关站开车后，列车长巡视车厢发现一旅客持当日当次秦皇岛至锦州南二等座成人车票，携带2个行李箱，经查总重共计35kg,应如何处理?

处理办法及过程:每名成人旅客可免费携带20kg携带品,该旅客携带物品共35kg,超重15kg,对超重部分补收行李运费。

秦皇岛—锦州南 101km

15kg 行李运费:$0.062 \times 15 = 0.930 \approx 0.90$(元)

填写客运运价杂费收据(简称"客杂"),如图2-2所示。

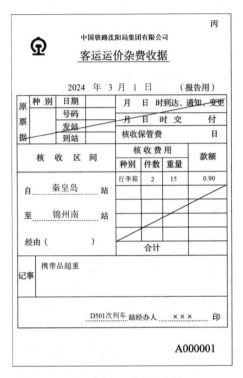

图2-2 客运运价杂费收据

学习案例2-7

2024年3月1日,D501次(北京—锦州南)列车山海关站开车后,列车长巡视车厢发现一旅客持当日当次北京至锦州南二等座成人车票,携带编织袋1个20kg,其中编织袋内装有柴油1kg,应如何处理?

处理办法及过程:柴油属于危险品,装在20kg的编织袋内,按该件重量20kg加倍补收行李运费,移交前方停车站绥中北站。

北京—绥中北 378km

20kg 行李运费:$0.207 \times 20 = 4.14$ 元 ≈ 4.10(元)

加倍补收行李运费:$4.10 \times 2 = 8.20$(元)

危险品应编制客运记录交绥中北站,如图2-3所示。

填写客运运价杂费收据,如图2-4所示。

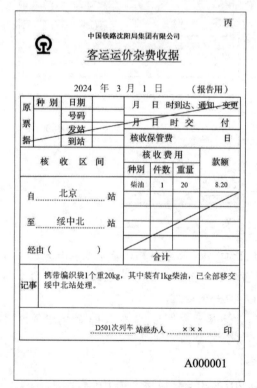

```
中国铁路沈阳局集团有限公司    客统—1

            客 运 记 录
                              第 11 号
记录事由：移交危险品
绥中北站：
    2024年3月1日，D501次列车山海关站开车后查验危险品时，
查出旅客×××，身份证号××××××××××××××××，
持本次列车北京至锦州南二等座车票，携带柴油1kg，列车已按章
补收运费，现将危险品移交你站，请按章办理。

注：
  1.站、车需要编制记录时适用。
  2.本记录不能作为乘车凭证。
                沈阳客运  站  编制人员 ×××（印）
                          段
                          站  签收人员       （印）
                          段
                2024 年 3 月 1 日编制
```

图 2-3　客运记录

图 2-4　客运运价杂费收据

四、视力残疾旅客携带导盲犬进站乘车

导盲犬是指经过严格训练并取得导盲犬工作证(载有导盲犬使用者信息,盖有公

安部门或残疾人联合会公章,或带有国际导盲犬联盟标识"IGDF"),如图2-5所示,用于辅助视力残疾人工作、生活的服务犬。

(一)携带导盲犬进站前

为便于铁路部门及时了解旅客需求,为旅客提供良好的乘车环境,旅客提前向铁路部门告知需求。

(1)在车站售票窗口购票时,说明携带导盲犬乘车的需求,以便铁路部门安排较为合适的席位。

图2-5 导盲犬工作证

(2)在购票时未予说明或者通过其他渠道购票的,可以在开车时间12小时前通过12306电话联系铁路客服中心,提出携带导盲犬进站乘车的需求,并告知所购车票的乘车日期、车次、席位号等信息。

(3)没有提前联系铁路客服中心的,也可以在进站、乘车时向站、车工作人员告知并寻求帮助。

(二)导盲犬安检管理

为维护良好的站、车秩序,请旅客主动配合铁路工作人员做好以下工作:

(1)在进站、乘车时,需主动出示购票时所使用的有效身份证件、残疾人证、导盲犬工作证、动物健康免疫证明;

(2)进站时,需与其他旅客一样,携带导盲犬接受安检;

(3)进入车站、列车前,需为导盲犬系上牵引链,佩戴导盲鞍,如图2-6所示。

(三)导盲犬乘车管理

(1)为保障旅客出行安全,有下列情形之一的,需与具备照看导盲犬能力的成年人同行:

①乘坐同一趟列车时间超过12小时的。

②购买联程票时,每段接续时间在2小时以内,且全程时间超过12小时的。

图2-6 佩戴导盲鞍的导盲犬

(2)在车站及乘车期间,旅客或同行成年人负责照看导盲犬及犬吃、喝、排泄,请勿影响站、车环境卫生。在不阻塞通道、车门等前提下,导盲犬宜在旅客坐席附近或铺位下陪伴,请勿让其占用席位或任意跑动。

(3)乘车期间,在条件允许的情况下,列车工作人员尽可能协调将旅客安排至较为宽敞的席位,以方便其乘车生活和照看导盲犬;有同行人时,尽可能协调将同行人安排至就近席位。协调更换座位时,原则上为同等级席别的席位;如因更换席位出现票价差额,提前征得旅客本人同意,处理票价差额。

(4)在发生危及旅客人身安全和铁路运营秩序的特殊情况下,携带导盲犬的旅客与其他旅客一样,需共同遵守铁路和公安部门的有关规定,接受铁路工作人员的组织和引导。

各地残联应协调有关部门核发导盲犬工作证,并协助铁路部门做好旅客携带导盲犬进站乘车管理及宣传引导工作。

项目 3

高速铁路动车移动设备运用

奋进力量

推广实施电子化补票直击民意"靶心"

根据中国国家铁路集团有限公司的统一部署,铁路部门将于2022年9月1日起推广实施电子化补票。届时铁路所有客运车站和旅客列车(市域铁路除外)将全面推广电子化补票,旅客在列车和到站办理补票业务时可享受到铁路电子化创新带来的便利。

2025年我国电子客票覆盖率突破98%,这不仅为环保节约作出了贡献,更是智能出行的新尝试。如今,电子化补票推广实施更是补齐"缺项",着力为旅客"减负",同时,电子化补票有利于进一步提升客运智能化服务水平,优化客运生产组织效率,把选择权交给旅客,带给旅客更贴心的出行体验。

电子化补票提高出行体验解决后顾之忧,此次电子化补票就是在原有电子客票的基础上,完善电子客票体系。在推行"铁路畅行"扫码服务的动车组列车上,旅客可以通过扫描列车座椅扶手上的畅行码,通过畅行码小程序填写、提交补票或升席需求,列车工作人员收到旅客提交的需求后,将根据现场情况和列车能力进行响应。提前预约,提升了铁路办事效率,优化了铁路资源,节省了旅客等待时间,可最大程度地提高出行体验。

电子化补票践行环保节约实现绿色出行。电子客票的出现,是中国践行绿色企业环保节约职责的重要举措。如今电子化补票又迈出了铁路环保节约绿色发展新步子。对于个人而言也许只是很小的一张车票(就在方寸之间),但是对于整个铁路系统而言,一张张车票的叠加就是惊人的天文数字。以2021年全国铁路客运总量26.12亿人次为例,使用电子客票之后就可节约数亿张的纸质补票。

"绿色出行"引领中国铁路的未来发展,铁路人在前行路上不断地努力,不断地推陈出新。电子化补票只是一个新的起点,未来中国铁路将更加"科技化""智能化",让旅客的出行更加便利,更加舒适,也更加"绿色"。

来源:改编自人民铁道网《推广实施电子化补票直击民意"靶心"》

请同学们思考一下,列车客运设备升级改造对乘务人员和旅客都有哪些好处呢?

学习情境3.1 列车长站车无线交互系统运用

学习情境描述

2024年9月15日下午,武汉市民胡女士乘坐G822次列车前往郑州,16:55到达郑州站。下车时,她不慎将一个背包遗失在了行李架上,出站时才发现。她第一时间拨打了12306铁路客服热线,并将她的座位信息07车14F告诉了客服人员并留下电话号码。没过多久她就接到了列车长苏女士的电话:背包找到了。电话里,她和列车长约定了交接物品的方式。其实,胡女士能如此迅速找回丢失的物品,就要归功于铁路部门功能强大的站车无线交互系统。

12306客服人员受理了胡女士的诉求后,立即查询到了G822的运行情况和值乘人员情况,并将胡女士的遗失物品等信息,以客服工单的形式发送到了列车长苏女士的站车交互系统终端。此时苏车长正好在巡视车厢,在站车交互系统上接收并查看到客服工单通知后,立即前往7车14F座位处,果然发现了在座位对应行李架上的旅客描述的背包,并通过胡女士留的电话回复了她,约定交付地点。

假如你是列车长,请按照流程完成处置过程。高速铁路客运站车无线交互系统的运用大大提高了站车客运服务效率和质量,那么么它是如何发挥作用的?该系统还有什么其他的功能呢?如何运用这些功能呢?

学习目标

知识目标

1. 掌握高速铁路客运站车无线交互系统的功能和用途。
2. 掌握高速铁路客运站车无线交互系统终端的操作方法。

技能目标

1. 能运用站车无线交互系统终端设备。
2. 能运用站车无线交互系统终端办理列车各项业务。

素质目标

1. 通过铁路新设备运用,培养与时俱进的创新发展能力和信息化工作能力。
2. 培养良好的服务意识和沟通协调能力。

任务分组

请同学们自行组队并分配角色,填写表3-1,共同完成列车长站车无线交互系统运用学习情境。

学生任务分配表 表 3-1

任务名称:列车长站车无线交互系统运用　　　　指导老师:

班级		日期	
班组		组长	
班组成员		任务分工	
姓名	任务角色		

获取信息

引导问题 1:什么是站车无线交互系统?

引导问题 2:站车无线交互系统列车长终端有哪些功能模块?

引导问题 3:站车无线交互系统列车长终端操作基本流程是什么?

引导问题 4:站车无线交互系统列车长终端工作台包含哪几个主要功能模块?

引导问题 5:应急处置功能中包含哪些应急预案流程及应急处置反馈?

引导问题 6:各类通知的功能页面是如何一一对应的?

引导问题 7:列车长使用站车无线交互终端首次登乘前车次时如何进行工作认领?

引导问题 8:站车无线交互系统列车长终端工作台派班包含哪些内容?

引导问题9：站车无线交互系统列车长终端中交路包含哪些信息？

引导问题10：站车无线交互系统列车长终端客服工单的处理流程是什么？

引导问题11：站车无线交互系统列车长终端客服工单类型有哪些？

引导问题12：站车无线交互系统列车长终端工作台【出乘·检查】功能包含哪些模块？操作内容有哪些？

引导问题13：站车无线交互系统列车长终端客服工单类型有哪些？

引导问题14：站车无线交互系统列车长终端工作台在途功能主要包括哪些功能模块？

引导问题15：站车无线交互系统列车长终端工作台在途功能中客运记录主要包括哪些类型？

引导问题16：站车无线交互系统列车长终端工作台在途功能中如何拍发超员电报？

引导问题17：站车无线交互系统列车长终端工作台在途功能中如何进行征信查询和上报？

引导问题 18：站车无线交互系统列车长如何编写乘务日志？

引导问题 19：站车无线交互系统列车长终端应急处置详细类型有哪些？如何进行处置？

制订计划

根据所收集的资料，制订列车长站车无线交互系统运用工作计划，计划内容包括作业流程、风险分析、安全卡控措施和需要用到的工具或设备清单（表格可另附页），完成表 3-2。

列车长站车无线交互系统运用工作计划　　　　表 3-2

步骤	作业流程	风险分析	安全卡控措施	工具清单
1				
2				
3				
4				
5				

任务实施

根据学习情境描述，结合动车组乘务人员组成、工作责任划分、实训场地和设备，编制实训演练关键程序和关键对话脚本（可另附页），根据实训演练脚本，操作相关实训室设备，开展列车长站车无线交互系统运用的模拟演练。

评价反馈

日期：　　年　　月　　日

实训项目名称：

成员：　　　　　　　　　　　　　　　　　　　　　成绩

序号	评价项目	评分标准	满分	评价			综合得分
				自评	互评	师评	
1	仪容仪表	按规定着装，仪容整洁，符合规范要求，精神状态饱满	10				
2	作业准备	精神状态符合规范要求，按规定准备工具和备品	10				
3	作业用语	及时、准确、清晰，用语规范	10				

续上表

序号	评价项目	评分标准	满分	评价 自评	评价 互评	评价 师评	综合得分
4	应急处置	操作规范、动作准确,符合规范	20				
5	作业流程	处置要点齐全,流程合理	20				
6	作业安全	严格执行安全卡控,无安全事故发生	20				
7	职业素养	体现安全生产、组织纪律、敬业精神等	10				

相关知识

随着铁路高速网络的形成和铁路客运能力的不断提高,旅客对铁路客运服务水平和便捷程度提出了更高的要求。铁路地面售票和管理业务与列车管理服务是客运服务的重要环节,车-地间的及时可靠的信息交互对提高客运组织能力和服务质量至关重要。

客运站车无线交互系统主要由三部分组成。第一部分为车上系统,由移动通信终端组成。第二部分为无线传输平台,由全球移动通信系统(GSM)及铁路数字移动通信系统(GSM-R)网络组成,车上系统可选择接入。第三部分为地面系统,由 GSM-R 通用分组无线业务系统(GPRS)接口服务器、信息发布服务器、数据库服务器、安全隔离系统组成。

站车无线交互系统通过客票系统一、二中心的网闸访问客票网数据,获取车次信息、席位数据、旅客服务记录(PSR)数据,实现车、地间客运数据实时交互。站车无线交互系统通过部署在中国国家铁路集团有限公司(国铁集团)西调机房的网闸访问铁路外部服务网和内部服务网,现在配置了访问客管系统和客调命令电子化系统的通道,后续可为更多的铁路信息系统提供移动通道接入服务。

本情境中主要研究的是客运站车无线交互系统中的车上系统,简称站车交互系统。

一、站车交互系统硬件设备简介

站车交互系统是一个软件,可以安装在普通的安卓手机、安卓三防定制机、DT50 证卡识读一体机、华旭 J20 证卡识读一体机和安卓对讲机一体机等专用硬件设备中。

使用时需要注意以下条件:

(1)需插入移动 4G 物联网卡。

(2)需将设备识别移动设备标志(IMEI)号提供给管理人员进行注册。

(3)禁止一机双网,严禁私自连接 Wi-Fi,禁止私自安装其他第三方软件。

(4)禁止私自更换用户识别模块(SIM 卡),更换后 SIM 卡会锁定,需联系移动进行解锁。

二、站车交互系统软件使用流程

站车交互系统软件使用流程,如图 3-1 所示。具体如下:

(1)准备设备、站车 SIM 卡、安装软件。

(2)系统设置。

安装成功后,进行系统设置,如网络接入技术(APN)设置、通知设置、服务器地址设置、本机设置等。

(3)设备注册、账号分配。

设备首次需要进行设备注册,新乘务人员需要先分配账号。

(4)始发登录。

正常登录、热备登录。

(5)数据下载。

登录成功后,数据自动下载,包括基础数据和业务数据。

(6)使用(业务操作)。

登录成功,进入工作台,即可根据作业内容进行移动票务及客运管理等相关业务操作。

(7)折返车次切换。

通过交路车次列表进行折返车次切换,无须重新登乘。

(8)退乘。

交路担当完成后,进行退乘,数据自动清除。

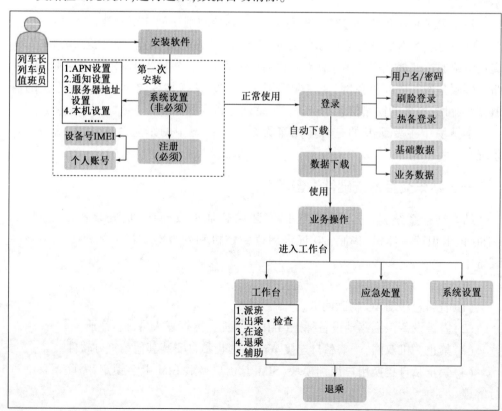

图 3-1 站车交互系统软件使用流程图

三、站车交互系统功能

(一)使用前准备和登乘

(1)使用前:第一次安装或正常使用前,须点击登录界面系统设置进入设置。将登录界面显示设备 ID 上报进行设备注册。

(2)向车队申请个人账号。

(3)登乘:输入始发日期和始发车次、客管账号(手机号、身份证号)、密码(刷脸)。

(二)列车长站车交互系统使用流程简介

列车长岗位登录成功后进入电子票夹工作界面,如图 3-2 所示。

登录成功后进入工作台,自动进行数据下载,可点击底部栏【数据下载】按钮进行查看。底部栏【工作台】用于业务操作,【应急处置】接收应急处置信息,【我的】用于系统设置及退乘等。

【工作台】中部功能区导航栏主要使用流程如下:

【派班】:展示当前登乘车次的派班任务信息,主要包括交路信息、重点工作、客服工单及工作认领;

【出乘·检查】:包含"编组及检查""人员安排"两个模块,出乘前的编组信息核实编辑、各项问题的复查、问题上报及人员安排操作;

【在途】:进行相关业务功能操作;

【退乘】:退乘前需要进行的操作内容;

【辅助】:相关使用辅助功能,如录音、通讯录查询等。

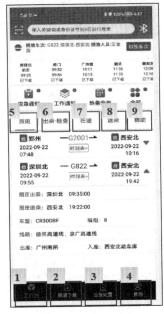

站车无线交互系统终端功能介绍

图 3-2 电子票夹工作界面

(三)列车长站车交互系统功能简介

1.【工作台】功能

(1)工具栏。

(2)担当信息,切换车次功能。

(3)时刻表以及列车位置。

(4)通知,点击通知可直接跳转到功能页面。

对应关系如下:

"工作通知""工作调整""热备安排""热备调整":工作台派班界面;

"重点工作":重点工作;

"车底纠错""列车员问题提报":编组信息;

"重要消息":重要信息;

"工单签收":客服工单;

"客运记录":客运记录;

"列车员上水":上水记录;

"应急通知":应急处置;

"客运答题":客运答题。

(5)根据工作流程区分的功能模块:派班、出乘·检查、在途、退乘、辅助。

工作界面如图3-3所示。

2.【数据下载】功能

(1)登录成功后,将自动开始下载基础数据以及当前时间内的业务数据。

(2)您可以通过点击标题栏中【基础数据】、【业务数据】按钮查看下载状况,或者直接滑动页面切换查看,如图3-4、图3-5所示。

  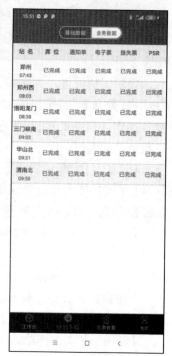

图3-3　列车长站车交互系统工作界面　　　图3-4　基础数据功能　　　图3-5　业务数据功能

3.【应急处置】功能

提供应急预案流程及各类应急处置反馈,如图3-6所示。

4.【我的】功能

展示个人信息、车次信息以及设备信息,显示系统设置、切换中心、版本信息、检测更新等信息,如图3-7所示。

四、列车长站车交互系统作业流程及功能设计

(一)登乘

列车配置手持设备作为接收终端,列车长在本趟列车始发30min前启动系统,完成登录和本次列车基础信息下载。录入日期、车次后,输入账号密码,账号可输入用户ID或手机号或身份证号,没有账号的需要联系车队(或者指挥中心)注册,输入密码或者选择刷脸登录,如图3-8所示,登录成功后,系统自动开始数据下载。

图 3-6 【应急处置】功能　　图 3-7 【我的】功能　　图 3-8 登乘界面

采用热备登录时,各客运段进行热备交路维护(热备车次为非本段担当车次)并通知热备班组。热备班组接收到热备通知后,正常填写登录信息,并选择"热备登录",然后登录即可。进入工作台派班界面,获取热备交路信息,其他操作与正常登乘作业相同。

客管服务不可用时,客票功能仍能使用,每隔 5min 会自动登录一次。

(二)工作台-派班

工作台模块的派班功能展示当前登乘车次的派班任务信息,如图 3-9 所示,主要包括交路信息、重点工作、客服工单及工作认领。交路为当趟交路所有值乘车信息,如图 3-10 所示,包含车次,班组值乘的始发、终到信息,时刻表、车次的图定始发、终到信息,车型、编组,出、入库地点。

1. 时刻表

工作台模块派班功能中的时刻表界面按照时间轴展示了车次途经站的信息,如图 3-11 所示,信息包括站名、到发时间、站属性、值班电话、报警电话、客调电话。其中站属性中绿色标记代表该站需要进行该功能属性作业,蓝色代表该站具备该功能属性;相关联系电话(市电、路电)方便与地面端各部门电话沟通。同时在界面中可以精准查询该车次某个停靠站信息,如图 3-12 所示。

2. 重点工作

工作台模块派班功能中的重点工作界面显示了工作安排中的各项重点工作内容及相关的调令信息(指挥中心解析完调令后,以重点工作消息的样式将调令发送到列车长手中,重点工作只用于信息查看,不需做签收处理),如图 3-13 所示。

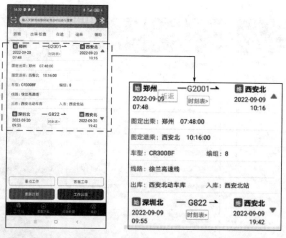

图 3-9 派班任务信息　　　图 3-10 值乘车信息

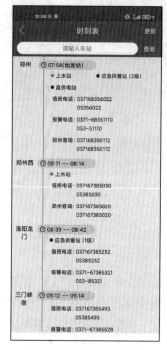

图 3-11 车次途经站的信息　　图 3-12 查询停靠站功能　　图 3-13 重点工作信息

3. 客服工单

工作台模块派班功能中的客服工单界面显示各类工单信息,客服工单的流转程序是由客服系统接收到需求录入生成工单,然后流转到客管系统,然后由指挥中心或车长接收进行接单、反馈并给客服系统回传处理信息。

目前站车交互系统移动端中的客服工单暂时有:遗失物品工单、寻人工单、重点旅客工单、铁路畅行工单(铁路畅行工单只需签收接单即可,其他工单需要进行反馈处理),移动端暂时只能处理七天内生成的工单,超过时限的需要到 PC 端进行处理操作。

记录界面根据工单状态分为三个部分:待接单、待反馈、已完结,对于已完结工单会区分列车长处理和指挥中心处理(带有指挥中心标记),如图 3-14 所示。

选中工单可以进行工单展示以查看工单详情,如图 3-15 所示。详情界面展示工单编号、内容、处理结果等信息。允许对处理结果进行修改重新上报。

(三)工作台-出乘·检查

工作台模块的出乘·检查功能主要包含"编组及检查""人员安排"两个模块,如图 3-16 所示。主要进行出乘前的编组信息核实编辑、各项问题的复查、问题上报及人员安排操作。

图 3-14　工单状态图

图 3-15　工单详情

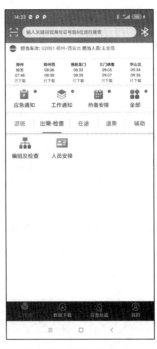

图 3-16　出乘·检查功能

1. 编组及检查

工作台模块的出乘·检查功能中编组及检查,如图 3-17 所示,编组信息与车次挂钩,每个车次对应一条编组信息。展示当前车次的编组信息、反恐装备信息、应急备品(高铁)信息,同时可进行编组信息修改及各车厢存在的问题情况查看、问题上报、问题修复处理,如图 3-18 所示。

编组信息确认后,根据编组信息数据同步当趟车次所使用的车底信息、定员信息、车厢信息、应急备品存放位置等。如:超员电报定员信息,根据车底信息获取超员能力、应急处置中获取车门开启操作流程、应急备品信息,上水计划提报、列车巡视上报、危险品上报等功能的车厢选择,如图 3-19 所示。

（1）车底纠错

车底纠错为高铁车次专有的功能,登乘后若发现车底信息不对,可通过编组右上角菜单栏【车底纠错】按钮进入车底纠错界面,如图 3-20 所示。进行单编/重联的修改。选择更换车底信息,如图 3-21 所示,确认后提交指挥中心,同时获取修改车底相关的编组信息,如图 3-22 所示,替换原编组信息,使用新的编组信息进行出乘检查(此时在编组界面重新更新编组会重置为原编组信息)。当指挥中心对提报的车底纠错进行确认或修改时,会对已提报的问题信息进行车底信息处理,同时给车长发送"车底纠错"消息通知,重新获取编组信息,使用最终编组信息。

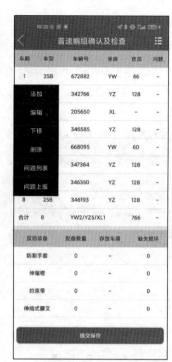

图 3-17 编组确认及检查   图 3-18 编组信息修改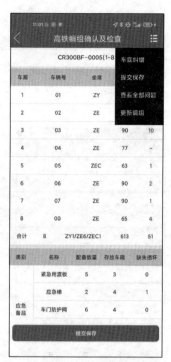

图 3-19 同步信息

图 3-20 车底纠错

图 3-21 更换车底信息

图 3-22 车底类型

(2) 车厢问题记录

分类展示当前车次所存在的相关问题,可以选择车厢(可多选)查看。问题类型分为:服务设施(图 3-23)、保洁问题(图 3-24)、反恐装备(图 3-25)、应急备品(高铁)(图 3-26)、备品检查(图 3-27)。可以对问题进行修复操作处理,保洁问题可进行保洁员签字操作。

图 3-23 服务设施

图 3-24 保洁问题

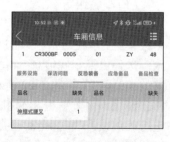

图 3-25 反恐装备

图 3-26　应急备品　　　　图 3-27　备品检查

（3）全部问题记录

分类展示当前车次所存在的相关问题，可以选择车厢（可多选）查看。

问题类型分为：服务设施问题（图 3-28）、出库保洁问题（图 3-29）、反恐装备、应急备品（高铁）、备品检查。可以对问题进行修复操作处理，保洁问题可进行保洁员签字操作。标题字体颜色状态：红色-已上报未修复，黑色-未上报，绿色-已修复，如图 3-30 所示。

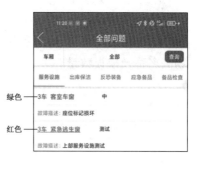

图 3-28　服务设施问题　　　图 3-29　出库保洁问题　　　图 3-30　颜色状态标记

（4）问题上报

选择车厢进行服务设施、出库保洁、反恐装备、应急备品（高铁）、备品检查各项问题上报。同时接收列车员上报的各类问题进行展示（问题有"列车员"水印标记），需要列车长对列车员上报的问题进行提报或是退回操作。未提报的问题留存本地进行本地保存，可进行修改、删除、上报操作。

①服务设施问题上报，如图 3-31 所示，需要选择设施名称（图 3-32）、填写位置、选择故障描述模板，如图 3-33 所示，对模板内容进行修改或是后面追加信息操作。

图 3-31　服务设施问题上报　　图 3-32　上部服务设施名称　　图 3-33　上报问题模板

②保洁问题上报,选择保洁类型(出库/折返),保洁类型选中后所有类型统一;选择描述后自动带入相应份数(除描述为自定义类型,需要填写份数);严重程度默认为"普通",可修改为"严重",对于"严重"程度的保洁问题,若未处理,下一个值乘班组同样会获取该保洁问题,提示其注意处理。

③反恐装备名称、应急备品名称、备品名称,如图 3-34~图 3-36 所示,选择相应的物品名称及缺损数量。

图 3-34　反恐装备名称　　图 3-35　应急备品名称　　图 3-36　备品名称

2. 人员安排

工作台模块的出乘·检查功能中人员安排界面如图 3-37 所示,人员信息同交路挂钩,如图 3-38 所示,每条交路多个车次使用同一个人员安排,有变动直接在原数据上进行操作即可(图 3-39),同时提供本班组其他交路同车次人员复用操作,如图 3-40 所示。

图 3-37　人员安排　　　　图 3-38　人员信息

图 3-39　人员详细信息　　　图 3-40　人员复用

岗位划分为四大类:客运、车辆、乘警、其他,详细分类如下(具体以实际功能显示为准):

(1)客运:列车长、列车员、列车值班员、安全员、广播员(普速)、行李员(普速);

(2)车辆:司机、随车机械师;

(3)乘警:乘警、辅警;

(4)其他:餐服长、餐服员、保洁、服务员(普速)、炊事员(普速)。其他人员添加:本段人员(通过接口获取本段人员信息选择添加)、非本段人员(手动录入)。

人员信息确认后,数据同步当趟交路所有车次使用。

(四)工作台-在途

1. 席位管理

在席位管理中可查看车厢定员(图3-41)、席别定员、车内人数、登记席位(图3-42)等。席位管理界面标头添加配置按钮,点击进入去向登记配置界面,如图3-43所示。

图 3-41　车厢定员　　　　　图 3-42　登记席位　　　　　图 3-43　去向登记配置

2. 席位统计

在席位统计中可查看各站通知单、车内人数和密度表，如图 3-44 ~ 图 3-46 所示。

图 3-44　乘车人数通知单　　　图 3-45　车内人数　　　　　图 3-46　密度表

3. 票证卡查询

票证卡查询中集成了电子票查询、电子身份证查询、银通卡查询、E 卡通查询、计次定期票查询、乘车证查询、铁路证件查询、保险查询,如图 3-47 所示。

4. 车门口验票

旅客上火车之前需要进行上车验票,在车厢门口通过扫描旅客证件号或通过蓝牙证件识读器获取旅客车票信息,并自动进行验票,如图 3-48 所示。

5. 商旅服务

商旅服务(原引导服务)即接车服务,如图 3-49 所示,部分车站有接车服务,商务座旅客可以跟乘务员说明情况,预约接车服务。等旅客到站会有专人到车厢外迎接,接到贵宾厅休息,经专属通道至站外乘车。商旅服务功能可查询本趟车的所有商务座旅客,并根据旅客要求预约接车服务。

图 3-47 票证卡查询

图 3-48 车门口验票

图 3-49 商旅服务

6. 畅行码服务

畅行码服务类型如图 3-50 所示,包括车次开班、畅行码查询、旅客服务单、故障反馈、旅客建议、补码。其中,旅客服务单如图 3-51 所示,可以查看服务旅客的总体情况。

7. 手动登记

手动登记无票的旅客,保存并上传,如图 3-52 所示,列车长可查看登记记录。

8. 在线补签

旅客购买了一张车票,想提前乘车去目的地,可以乘坐同样区间的火车,上车后通过在线补签修改乘车信息即可,如图 3-53 所示。

列车可查询本趟车旅客信息,若能查出旅客信息,可点击结果进行补签操作。点击查询方式会有弹窗显示查询方式列表。

(1)发到站查询,输入旅客购买车票的发站、到站。

(2)席位查询,输入旅客购买车票的车厢、席位号。

图 3-50　畅行码服务

图 3-51　商务座旅客服务单

图 3-52　手动登记

9. 学生残军票

学生残军票功能包括核验补票和优惠资质查询两项功能，如图 3-54、图 3-55 所示。

图 3-53　在线补签

图 3-54　学生残军票核验补票

图 3-55　优惠资质查询

核验补票查询学生票、残疾军人车票信息及相关优惠资质并进行显示，查看学生票及其资质列表，点击票面，对未核验的车票进行资质核验，若无资质可进行现场核验；查询资质不符可进行补票等操作。对本车次的所有学生、残军票优惠资质未认证的旅客进行核验，核验不通过需要补票，并生成电子客运记录。

10. 席位置换

席位置换功能包括席位置换和换座退差两项功能,如图 3-56、图 3-57 所示。

换座退差是实时查询由于座位更换导致的票价差异信息,并且可以进行退差操作,如图 3-58 所示,在线支付的按照原支付路径退差,使用现金在车站购买的车票,可至到站,持二代身份证至售票窗口退差。席位置换查询是实时查询由于车底更换导致席位更换的信息。

图 3-56　席位置换

图 3-57　换座退差

图 3-58　退差操作

11. 余票查询

余票查询功能可以查询列车指定发到站的余票情况,如图 3-59 所示,列车补票可办理在线获取席位业务。

12. 重点人员查询

重点人员查询是指查询本趟车所有铁路系统给出的重点人员信息,如图 3-60 所示,包括但不限于上访人员、卫健委给出的人员名单等。

13. 中转查询

火车中转就是没有直达的火车,只能在中途转车,换乘另外一趟火车的过程。坐火车中转一般都不会很麻烦,第一趟火车到站下车后,跟着便捷换乘通道的引导牌走到候车厅,在候车厅等待下一趟火车的到来就可以了。在系统里根据换乘日期、到站、换乘时间范围可以查询到站的中转信息,如图 3-61 所示。

14. 会员信息

中国铁路客户服务中心正小范围推行"会员制"。会员信息查询如图 3-62 所示。铁路会员从低到高分别为普通会员、银卡会员、金卡会员和白金卡会员,不同会员购票乘车将获 3、5、6、8 等不同倍数积分。

图 3-59　余票查询　　　　图 3-60　重点人员查询　　　　图 3-61　中转查询

会员并非购买所有的票都能累计积分,用积分兑换的车票不参与积分累计;残疾军人票、学生票、已享受优惠的团体票或其他指定的优惠票种车票不参与积分累计;代用票、列车补票、到站补票和非实名制列车车票也不参与积分累计;改签后的车票按新车票进行累计,发生退票的车票不参与积分累计。另外,积分有效期为自进入账户当月起连续 36 个自然月,过期自动作废。

可根据始发日期、始发车次、乘车日期、证件类型及证件号码查询会员信息。

15. 客运记录

客运记录是作为铁路站、车之间办理交接事项的文字凭证和处理旅客及行李包裹运输过程中具体业务事项的原始依据。

(1)编制客运记录注意事项

①据实填写,事项齐全。

②语言简练,手写的话一定要书写清楚。

③客运记录应有顺序编号,加盖编制人名章。

④客运记录的保管期限为 1 年。

(2)客运记录类型

列车长需实名登录站车无线交互系统后才能使用该功能。客运记录类型如图 3-63 所示,有拒不补票、过站、误乘、突发疾病、意外伤害、遗失物品、精神异常、疫情人员、空调故障、席位调整、挂失补登记、证件丢失。

(3)客运记录详细页

①拒不补票、过站、误乘客运记录模式基本一致,只记录接收站、人数、旅客信息、备注、站车签字,如图 3-64 ~ 图 3-66 所示,车长签字后,将旅客交车站处理,车站接收人在系统中签字后提交。

图 3-62　会员信息查询　　　　图 3-63　客运记录

图 3-64　拒不补票　　　图 3-65　过站　　　图 3-66　误乘

②突发疾病需要记录接收站、人数、旅客信息、事发时间、不少于 2 份的旁证材料、旅客物品、备注，如图 3-67 所示，列车长签字后，将旅客、证明材料、旅客物品一并交接收站处理，车站接收人在系统中签字后提交。

③意外伤害需要记录接收站、人数、旅客信息、事发时间、伤害原因、救助情况、不少于 2 份的旁证材料、备注，如图 3-68 所示，其中伤害原因和救助情况的填写要语言简练、实事求是，列车长签字后，将旅客、旁证材料交接收站处理，车站接收人在系统中签字后提交。

④遗失物品需要记录接收站、物品描述(包括物品品名、描述、证件)、联系失主、失主信息、申请移交、备注,如图 3-69 所示,其中物品描述要尽可能地翔实、清楚,证件号码必须要填写正确,失主来领取时需要出示身份证件;如已经联系失主点选联系失主后面的原点,选择项变为绿色;申请移交为旅客申请列车将遗失物品移交到的车站,一般为旅客的上车站或者下车站。列车长签字后,将遗失物品交申请移交车站,车站接收人在系统中签字后提交。

图 3-67 突发疾病

图 3-68 意外伤害

图 3-69 遗失物品

⑤精神异常需要记录接收站、人数、人员信息、事发时间、联系家属、家属信息、备注,如图 3-70 所示,对于列车上发现精神异常的旅客情况,要安抚好旅客并与旅客家属取得联系,要求家属在指定时间到车站接人,列车长签字后,将精神异常旅客交接收站处理,车站接收人在系统中签字后提交。

⑥空调故障需要记录车厢号、故障区间、席位、备注,如图 3-71 所示,记录信息后选择提交,根据铁路责任退票规定,旅客可以至到站办理空调故障区间的票价差额退票手续。

⑦席位调整需要记录车厢号、故障区间、席别、席位、备注说明,如图 3-72 所示,记录信息后选择提交,根据铁路责任退票规定,需要退还票价差额时,旅客可以至到站办理故障区间席位调整的票价差额退票手续。

⑧挂失票记录可查询本趟车内持用挂失票旅客人数,如图 3-73 所示;购票证件丢失记录可根据旅客提供的证件号码查询本趟车的证件丢失记录,如图 3-74 所示。

16. 重要信息

列车长需要对班组相关的段内重要信息进行查看及签收。消息包含段内发送的重要信息及指挥中心解析确认后与本班组相关的调令信息,如图 3-75 所示。每条信息可以单独签收或是对已接收的信息进行一键签收。

图 3-70 精神异常

图 3-71 空调故障

图 3-72 席位调整

图 3-73 挂失票

图 3-74 购票证件丢失

图 3-75 重要信息

17. 客服工单

工作台模块在途功能中的客服工单及使用与派班功能中的客服工单一致。

18. 列车巡视

列车长在巡视列车过程中,对发现问题进行记录,记录页面如图 3-76 所示。

上部为按类型提报按钮包括随车保洁,上部服务设施,职工两纪,卧具备品,餐饮服务,其他;下方为当趟车次列车巡视问题记录,分类型进行问题展示,如图 3-77 所示,其中问题字体颜色代表不同状态:红色字体表示已上报未修复(左滑可进行"已解决""删除"操作),黑色字体表示本地保存未上报,绿色表示已修复。

19. 超员电报

列车严重超员时,列车长编辑派发❶超员电报及电报编辑发送记录。

超员电报功能较老版功能有所变动,电报上报界面内容由原来的模板形式改为固定形式,如图 3-78 所示,信息元素结构明确,新增电报本地保存功能,新增记录页面,同时可以对记录中的电报进行相应的操作。

图 3-76　问题记录

图 3-77　问题展示

图 3-78　电报记录

（1）记录页

选择一则记录进入记录页,列车长查询记录本班组本地编辑未派发(图 3-79)及已派发的电报信息(图 3-80),对记录中的电报进行相应操作:

①未派发的电报,标题为红色字体,可进行再次编辑、删除、派发操作。

②已派发电报,标题为黑色字体,主送单位中存在已签收单位(主送站颜色为绿色字体)的不可操作;主送单位均未签收(主送站颜色均为黑色字体)的可进行电报撤回操作。

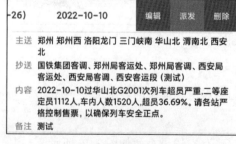

图 3-79　未派发电报

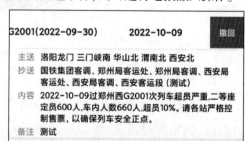

图 3-80　已派发电报

---

❶ 在系统软件中用"派发",在行文中用"拍发",请同学们注意区分。

(2)派发页

列车长可在派发页编辑电报派发或本地保存,如图3-81所示。

①选择主送单位,在出乘车次的经停站中可单选车站,可选择区间,也可选择区间然后对区间内车站长按取消部分车站,然后确认主送单位。

②选择完主送单位后自动根据填充抄送单位,包含国铁集团客调,主送单位所属路局的客运处、客调,当前出乘班组所属客运段。

③选择发生日期、发生站,修改定员人数(高铁:二等座定员,普速:硬座定员)、车内人数,填写备注进行派发或本地保存。其中定员人数、车内人数均默认由站车交互系统实时的本地数据填入,与实际数据可能会存在误差,列车长可根据实际情况进行修改。超员率会根据定员与车内人数数据自动计算,最小为0%,当超员率为0%时不允许进行提交保存。

图3-81　超员电报

20.上水记录

上水记录功能首页展示本车次经过的所有上水站,分为计划内(蓝色字体)、计划外(灰色字体),完成上水的车站黑色标识,如图3-82所示。

点击列表可进入该上水站的编辑页面,可对上水日期、计划上水车厢、实际上水车厢等信息进行操作,如图3-83所示。上水详情页面还可对列车员提报的上水车厢进行展示统计,已提报的车厢会显示最后提报人员姓名。

图3-82　上水记录

图3-83　上水站编辑页面

21. 直供电记录

列车长在直供电记录功能中可编辑上报始发、途中直供电及直供电发送记录,如图 3-84 所示。

直供电记录功能较老版功能变动为,上报界面风格变化,新增本地保存功能,新增记录页面,如图 3-85 所示,同时可以对未上报(红色标题)的记录进行重新编辑、删除、上报。

图 3-84　直供电记录　　　　图 3-85　直供电记录编辑

(1) 编辑

点击进入功能后,首先自动获取记录和相关始发、途中直供电站信息,有相关未上报直供电记录车站的右上角菜单按钮会相应添加"始发直供电""途中直供电"按钮。

(2) 上报

始发直供电与途中直供电信息填选不同,根据界面信息填选相应数据。直供电状态为"直供电"时,"备注"信息为非必填项;当直供电状态为"非直供电"时,"备注"信息为必填项,上报界面如图 3-86、图 3-87 所示。

22. 危险品记录

列车长可在危险品记录功能中编辑上报、保存危险品信息和查看记录。

(1) 记录页面

记录界面如图 3-88 所示,显示当前登乘车次相关危险品上报及本地保存的记录信息。本地保存的未上报的危险品信息,标题为红色字体,可进行编辑、提交、删除操作,已提报的记录数据不可操作。

(2) 上报界面

上报界面如图 3-89 所示,根据界面显示选填数据,其中旅客信息为非必填内容,当旅客信息为多人时,旅客信息详情填写主要责任人信息,其余人员填写到备注中。

其中扫描、读卡分别使用手机扫描身份证号、身份证读卡器方式获取旅客信息，无车票信息的只填充证件信息。

图 3-86　始发站直供电记录　　图 3-87　途中直供电情况录入

图 3-88　危险品记录　　图 3-89　危险品上报

23. 征信信息

征信信息包含三个模块：征信上报、本车上报征信记录、征信查询。

征信记录如图 3-90 所示，显示本车上报及本地编辑保存未上报的征信信息。未上报数据标题为红色，如图 3-91 所示，可进行提交、删除操作。上报时，如图 3-92 所示，需要进行身份核验（证件为身份证）、到补核验（需要补票的）操作，核验后不符合条件的失信人信息将被删除,如相关事件没有失信人则删除该事件,若存在则进行上传。已上报的信息(标题为黑色字体),点击失信人可以进行失信人员信息查看。

  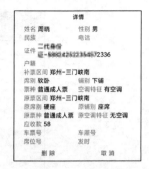

图 3-90　征信记录　　　　图 3-91　未上报数据　　　　图 3-92　删除界面

24. 征信上报

(1)征信事件信息上报界面如图 3-93 所示,首次填写上报信息需要确认上报人的证件信息。

填写信息根据界面填选相关基础数据,然后添加失信人员,本地保存或上报。根据选择的事件类型是否需要补票信息,人员信息中需要填写相应信息。上报时,如果失信人证件为身份证,则先通过公安系统进行身份核验,如果无法核实该信息则该信息为无效信息,需要删除;身份核验完成后,需要补票的旅客首先进行到补核验,当核验查询到该旅客有本车次的到补记录则认为其进行了补票操作,该旅客的失信信息无效提示删除;核验完成后还存在失信人员的则直接上报失信信息。

(2)旅客信息界面如图 3-94 所示,根据事件类型分为是否需要填写补票信息,根据界面选填完善信息,其中民族、电话、省市为非必填项。需要补票信息的填写补票信息、原席位信息等,然后保存继续添加、退出。

图 3-93　征信事件信息上报　　　　图 3-94　旅客信息

25. 征信查询

失信人员查询分为三种查询方式，如图 3-95 所示，具体如下：

（1）本车次失信人员界面如图 3-96 所示，可查询当前登乘车次乘车旅客中存在失信记录的人员信息；

（2）证件号查询可根据证件号查询相关人员的失信记录；

（3）姓名查询界面如图 3-97 所示，可根据姓名查询相关姓名的失信记录。

图 3-95　失信人员查询　　　　图 3-96　本车次失信人员　　　　图 3-97　姓名查询

26. 列车冲动记录

列车冲动记录功能中，列车长可根据当前登乘车次的列车冲动情况上报，也可以查询上报记录信息。记录页如图 3-98 所示，为当前车次所有上报的记录信息，上报页如图 3-99 所示，根据界面显示，选择运行区间、发生时间和客伤情况、冲动情况进行上报。

27. 列车速报

列车速报记录页面如图 3-100 所示，记录首页分为两个区域，最上面为 4 个速报记录类型，下方显示已提报的记录列表，记录列表显示速报类型、发送时间、状态（已签/未签收），以及速报内容，条目不可操作。

（1）玻璃破损速报

玻璃破损如图 3-101 所示，点击破损车厢可选择车厢，点击"＋"弹出车厢添加破损详情框，所有信息为必填项，点击"＋新增"弹出车厢选择框，可继续添加车厢。在详情页点击【提交】按钮提交信息。右上角为本地保存和提交按钮。

（2）上级检查速报

上级检查如图 3-102 所示，根据界面信息填写，点击"增加检查人"弹出信息框，所有信息为必填项。在详情页点击【提交】按钮提交信息。右上角为本地保存和提交按钮。

图 3-98 列车冲动记录　　　　图 3-99 列车冲动上报

图 3-100 速报记录　　　图 3-101 玻璃破损　　　图 3-102 上级检查

(3) 应急上水、应急吸污速报

应急上水如图 3-103 所示,根据界面信息填写,车厢可进行多选,晚点时常为非必填项,在详情页点击【提交】按钮提交信息。右上角为本地保存和提交按钮。应急吸污界面可参考应急上水界面。

28. 其他车次

该功能是查看指定车次的停靠站的定员、实际、上车、下车、中转等车厢信息,如图 3-104 所示。

29. 更换列车长

列车长在途换班时,若登录车次、日期不变,可通过更换列车长进行操作,如图 3-105 所示输入用户 ID/手机号/身份证号,输入密码点击【确认】或者点击【人脸识别】按钮通过人脸识别进行更换列车长操作。下载的基础、业务数据信息不变,但相关的派班、出乘等信息会进行相应更新。

图 3-103 应急上水

图 3-104 其他车次信息查询

图 3-105 更换列车长

(五)工作台-退乘

列车长退乘操作包含生产信息、乘务日志两部分,如图 3-106 所示。其中生产信息填报出乘车次相关生产数据,进行提报;乘务日志则是查看当前交路所有车次对应的各项内容记录信息。

1. 生产信息

生产信息数据从后台同步,如图 3-107 所示,同时移动端可对出退信息进行填选修改,同步更新出退时间、运行里程、运行时长;列车长在右上角菜单可进行更新提报。

2. 乘务日志

乘务日志界面加载本趟交路相关车次的各项数据信息并展示,如图 3-108 所示。左侧为各项目模块名称列表,选择相应模块展示相应信息,右上角【更新】按钮更新相应车次、功能模块的数据。"交路计划""重点工作""客服工单""人员信息""重要通知"直接展示本趟交路对应相关模块的所有数据,如图 3-109 所示,其他模块则展示交路中选定车次的对应数据,并可以手动更改查看车次,如图 3-110 所示。

图 3-106　列车长退乘　　　图 3-107　生产信息

图 3-108　乘务日志　　　图 3-109　编组信息　　　图 3-110　手动选择车次

(六)应急处置

应急处置模块用于应急情况进行应急处置流程查看、应急信息反馈及接收查看指挥中心的回复。

应急记录页面如图 3-111 所示,分为两块区域,顶部区域通过该车次信息,展示不同应急类型,普速列车没有动车组换乘、动车组超员、动车组应急吸污、动车组空调失效类型。"其他"类型为各段自行维护的应急处置流程预案。下方区域显示记录列表,主要展示应急类型(黑色字体表示已结束,红色字体表示应急启动中)、开始时间、结束时间。点击列表中的某项记录,根据完结状态跳转不同界面:若未处置完毕点跳转到应急流程界面,可进行修改,点击生成按钮跳转指挥中心界面,若处置完毕点击条目可直接跳转到该类型指挥中心界面,该界面此时不可操作,只展示信息。

应急处置模块中部分应急类型的详细信息如图 3-112、图 3-113 所示。

图 3-111 应急记录

图 3-112 动车组换乘

图 3-113 列车晚点

应急流程界面操作信息自动带入,可根据实际情况进行修改。指挥中心传达信息标注有几条传达消息(图 3-114),点开后会显示信息列表,如图 3-115 所示。处置完毕前可以随时更新汇报情况。

图 3-114 指挥中心

图 3-115 指挥中心传达信息

部分应急情况的处置流程如图 3-116 ~ 图 3-124。

图 3-116 空调失效处置 1

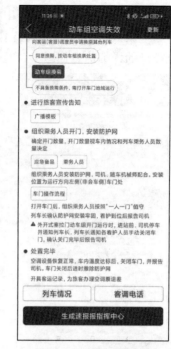

图 3-117 空调失效处置 2

图 3-118 车门应急操作

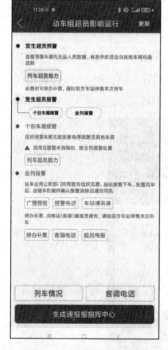

图 3-119 列车超员处置

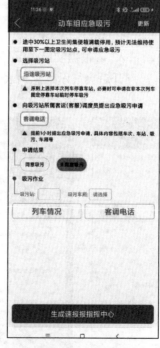

图 3-120 应急吸污处置

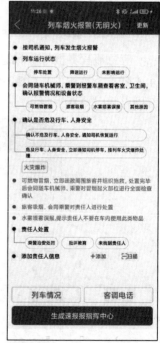

图 3-121 烟雾报警处置

(七)工作台-辅助

辅助功能如图 3-125 所示,主要包括:录音、客运答题、经停站通讯录、公安通讯录、客调通讯录、席位增删、业务知识查询。

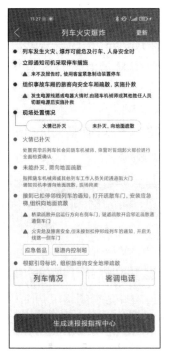

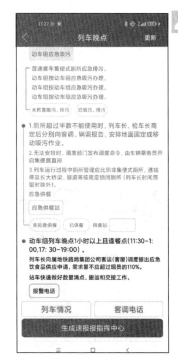

图 3-122　火灾爆炸处置　　　图 3-123　列车晚点处置 1　　　图 3-124　列车晚点处置 2

1. 录音

席位可视化界面(席位登记页面)有录音功能,如图 3-126 所示,在需要录音的时候可以录音记录;在录音界面可查看、播放录音记录,也可以增加新的录音。

图 3-125　辅助功能　　　　　图 3-126　录音功能

2. 客运答题

(1) 答题界面如图 3-127a) 所示, 通过答题消息进入答题界面, 拉取最新客运答题题目, 然后进行答题, 提报后, 根据正确答案与作答答案显示对错与正确答案, 并记录最后一次的答题记录。当无新题目时优先显示最后一次的答题记录结果。

(2) 记录界面如图 3-127b)、c) 所示, 根据选择的查询答题日期区间(最大区间范围 30 天)查询答题记录, 按答题时间倒序展示作答答案及正确答案。

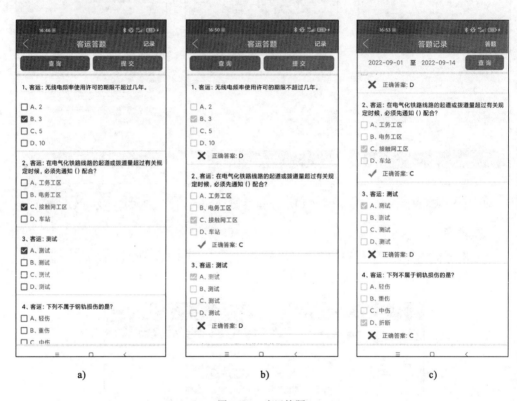

图 3-127 客运答题

3. 经停站通讯录

以时间轴形式展示途经站值班、上水、客伤、局调、报警电话, 如图 3-128 所示。

4. 公安通讯录

展示所有路局公安通讯录, 可选择路局查看路局相关公安通讯录, 如图 3-129 所示。

5. 客调通讯录

展示所有路局的客调电话, 根据高铁、普速来区分功能标题展示:高铁客服台(高铁)、客运调度台(普速), 如图 3-130 所示。

图 3-128　经停站通讯录

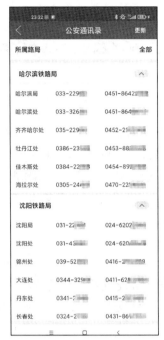

图 3-129　公安通讯录

图 3-130　高铁客服台

学习情境3.2　列车员站车交互电子票夹运用

学习情境描述

9月20日,作为列车员,你所在的乘务组正在值乘的深圳北—西安北的G822次,武汉站开车后,到车厢进行车票核验。在核验车票时,发现一名老年旅客郑某找不到座位了,显得很是局促,你上前询问旅客座位,核验后发现其走错了车厢,你热心引导,帮助旅客找到座位,安放好行李后,还为旅客倒上了一杯热水,使该旅客缓解了紧张情绪。

学习目标

知识目标
1. 掌握高速铁路客运站车无线交互系统的功能和用途。
2. 掌握高速铁路客运站车无线交互系统终端的操作方法。

技能目标
1. 能运用站车无线交互系统终端设备。
2. 能运用站车无线交互系统终端办理列车各项业务。

素质目标
1. 通过铁路新设备运用,培养与时俱进的创新发展能力和信息化工作能力。
2. 培养良好的服务意识和沟通协调能力。

任务分组

请同学们自行组队并分配角色,填写表3-3,共同完成列车员站车交互电子票夹运用学习情境。

学生任务分配表　　　　　　　　　　　　　　　表3-3

任务名称:列车员站车交互电子票夹运用　　　　指导老师:

班级		日期	
班组		组长	
班组成员		任务分工	
姓名	任务角色		

获取信息

引导问题1:列车员站车交互电子票夹有哪些功能模块?

引导问题2:列车员站车交互电子票夹操作基本流程是什么?

引导问题3:列车员站车交互电子票夹如何进行优待车票核验工作?

引导问题4:列车员站车交互电子票夹如何进行重点旅客登记工作?

引导问题5:列车员站车交互电子票夹如何进入车厢可视化界面?

引导问题6:列车员站车交互电子票夹车厢可视化中旅客不同的状态有哪些?分别显示什么颜色?

引导问题7:列车员站车交互电子票夹如何登记旅客换座信息?

引导问题8:列车员站车交互电子票夹如何登记已检、未上车、补票旅客和重点旅客?

引导问题9:列车员站车交互电子票夹如何登记提前下车?

引导问题10:列车员站车交互电子票夹如何登记备注信息?

引导问题11:列车员站车交互电子票夹如何登记已提醒信息?

引导问题12:列车员站车交互电子票夹如何进行清除登记信息?

引导问题13：列车员站车交互电子票夹如何进行手工登记？

制订计划

根据所收集的资料，制订列车员站车交互电子票夹运用工作计划，计划内容包括作业流程、风险分析、安全卡控措施和需要用到的工具或设备清单（表格可另附页），完成表3-4。

列车员站车交互电子票夹运用工作计划　　　　　表3-4

步骤	作业流程	风险分析	安全卡控措施	工具清单
1				
2				
3				
4				
5				

任务实施

根据学习情境描述，结合动车组乘务人员组成、工作责任划分、实训场地和设备，编制实训演练关键程序和关键对话脚本（可另附页），根据实训演练脚本，操作相关实训室设备，开展站车交互电子票夹运用工作的模拟演练。

评价反馈

日期：　　年　　月　　日

实训项目名称：

成员：				成绩			
序号	评价项目	评分标准	满分	评价			综合得分
				自评	互评	师评	
1	仪容仪表	按规定着装，仪容整洁，符合规范要求，精神状态饱满	10				
2	作业准备	精神状态符合规范要求，按规定准备工具和备品	10				
3	作业用语	及时、准确、清晰，用语规范	10				
4	应急处置	操作规范、动作准确，符合规范	20				
5	作业流程	处置要点齐全，流程合理	20				
6	作业安全	严格执行安全卡控，无安全事故发生	20				
7	职业素养	体现安全	10				

相关知识

列车员站车无线交互系统终端是列车员日常作业使用工具之一,站车无线交互系统终端的运用是为有效地减少列车纸质资料的使用,提升列车资料留存质量,减轻列车员的作业强度,可通过站、车交互系统下载的数据,传输至核票终端上,列车员通过站车交互电子票夹数据核对车内旅客情况。

一、登乘

使用前的准备和登乘操作如图 3-131 所示。

(1)使用前:第一次安装或正常使用前,须点击登录界面系统设置进入设置。将登录界面显示设备 ID 上报进行设备注册。

(2)向车队申请个人账号。

(3)登乘:输入始发日期和始发车次、客管账号(手机号、身份证号)、密码(刷脸)。

二、数据下载

进入数据下载界面会自动下载数据,如图 3-132 所示,数据下载分为基础数据和业务数据。下载完数据会自动进入电子票夹设置界面,如图 3-133 所示:选择岗位类型、负责车厢;输入餐车车厢号和总席位数;选择到站提醒席别,设置到站前提醒时间,如图 3-134 所示。设置完成,点击【保存】按钮,进入电子票夹主界面,如图 3-135 所示。

图 3-131 登乘操作界面

图 3-132 基础数据

图 3-133 电子票夹配置图

图 3-134 到站提醒时间设置

三、列车员站车无线交互系统(站车交互电子票夹)主界面功能

列车员岗位登录站车无线交互系统终端成功后进入电子票夹主界面,如图3-135所示。具备切换车次功能,可以实现不退出登录切换车次;在通知模块,列车员可以查看通知消息;车厢席位列表提供了整列车的席位使用情况。

1. 侧滑菜单

点击左上角菜单键,显示侧滑菜单界面,如图3-136所示,侧滑菜单展示了列车员站车无线交互系统的业务功能,包括票证卡查询、车门口验票、商旅服务、畅行码服务、手动登记、在线补签、学生残军票、席位置换、客运记录、余票查询、重点人员、中转查询、会员信息、派班、编组及检查、人员安排、上水填报、其他车次、录音、席位增删、更换列车、业务知识等功能。

2. 搜索功能

在主页面中,点击搜索框进入搜索界面(图3-137)。未输入内容时,显示功能建议,点击功能建议下方具体功能按钮,进行相关操作;输入功能名称或旅客信息,拼音及拼音缩写、乘车人姓名、身份证号(完整身份证号或后6位)、手机号等关键词进行查询。可查询功能信息(图3-138)和旅客车票信息(图3-139);搜索功能将保留搜索历史,点击【搜索历史】可快速重新搜索,点击【清除历史记录】按钮,清除历史搜索记录。

图3-135 电子票夹主界面

图3-136 侧滑菜单界面

图3-137 搜索界面

3. 扫描功能

点击右上角扫码图标,如图3-140所示,进入扫描界面,如图3-141所示,可以直接扫描二维码,获取旅客车票信息;点击底部相应的按钮,进入OCR扫描证件界面(图3-142),通过扫描旅客证件获取车票信息。

图 3-138　查询功能

图 3-139　旅客车票信息

图 3-140　扫码图标

图 3-141　扫描界面

图 3-142　电子票夹工作界面

温馨提示：车票信息界面右上角有扫描按钮，点击可再次进入扫描界面，进行扫描操作。

4. 蓝牙功能

点击右上角蓝牙图标，会弹出蓝牙功能列表框（图 3-143），可通过蓝牙连接补票机、证件识读器和进入数据下载界面下载补票机相关文件。

5. 查看车站上下车人员信息

点击担当车次下面车站信息的车站名，会弹窗显示该车站的上下车人数信息（图 3-144）。

6. 当前站车厢登记信息

点击当前站,会弹窗显示车次所有站(图3-145),选择要操作或查看的车站。

 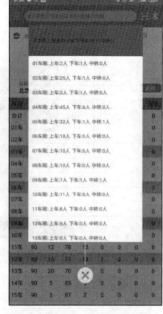 

图3-143　蓝牙功能　　　　图3-144　车站上下车人数　　　　图3-145　车次对应车站

7. 更新

点击更新按钮,更新所有车厢旅客信息。

8. 负责车厢

电子票夹设置界面设置了负责车厢,车厢置灰(图3-146),且可点击进入车厢可视化界面(图3-147)。

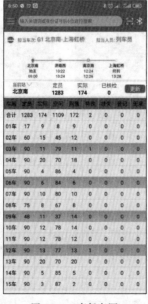 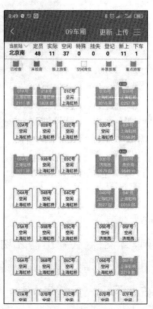

图3-146　责任车厢　　　　图3-147　车厢可视化界面

四、车厢可视化界面

根据旅客不同的状态显示不同的背景颜色,如图 3-148 所示已检查、未检查、新上旅客、空闲席位、补票旅客、重点旅客。

点击标题栏中【上传】按钮提交本车厢登记信息;

点击标题栏中【更新】按钮下载所有车厢席位登记信息;

点击标题栏中菜单键弹出侧滑菜单。

五、登记车厢席位信息

在登记旅客车厢席位信息后,需要执行上传操作,否则不进行保存。

1. 登记旅客换座信息

如图 3-149 所示,6 车 1F 换到 6 车 1D[图 3-149a)],点击席位 1D,弹出登记框[图 3-149b)],选择原车厢号 6、原席位号 1F,点击确认,完成换席位登记[图 3-149c)]。

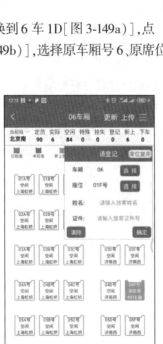

图 3-148 车厢可视化状态

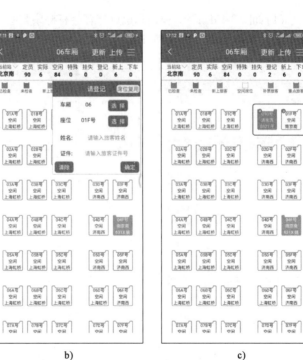

图 3-149 登记旅客换座信息

2. 登记已检、未上车、补票旅客和重点旅客

如图 3-150 中,假设 04F 席位旅客是重点旅客,点击该席位,弹出席位复用框[图 3-150a)],点击重点旅客,弹出重点旅客类型选择框[图 3-150b)],点击选择的类型,即可标记为重点旅客[图 3-150c)]。其余三种类型是一样的操作。

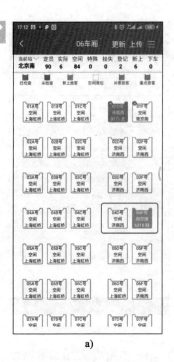  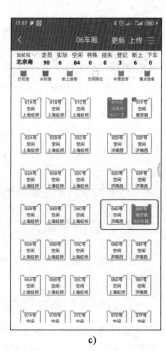

图 3-150 登记重点旅客

(1) 如图 3-151 所示,补票和重点旅客会有补票类型和重点类型选择[图 3-151a)、b)], 选择的类型会在席位复用框上显示[图 3-151c)]。

图 3-151 补票和重点旅客登记

(2) 如图 3-152 所示,登记未上车的旅客[席位左上角有红色未字,如图 3-152a) 所示],点击该席位弹出席位复用框中的未上旅客按钮改为已上旅客[图 3-152b)]。 点击已上旅客,该旅客标记为已上车旅客;标记已上车旅客席位左上角有红色已字 [图 3-152c)]。

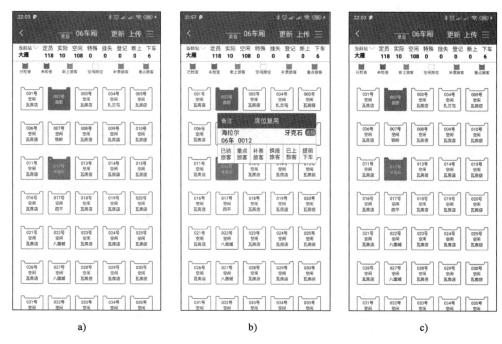

图 3-152 未上车旅客登记

3. 登记提前下车

如图 3-153 所示,假设 12 车 1A 席位旅客,要在济南西提前下车,并且是重点旅客。点击 1A 席位[图 3-153a)]弹出席位复用框,点击提前下车会弹出提前下车登记框[图 3-153b)]选择提前下车站,点击重点旅客,即可登记完成[图 3-153c)]。

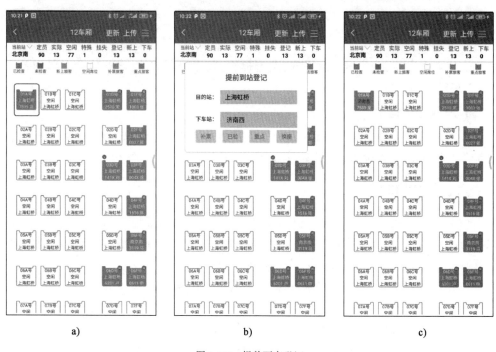

图 3-153 提前下车登记

4. 登记备注信息

如图 3-154 所示,假设 12 车 01D 旅客有同行儿童;点击 01D 席位弹出席位复用框 [图 3-154a)],点击备注跳转到备注登记界面[图 3-154b)],输入同行儿童信息点击保存,返回到席位可视化界面。01D 席位左右上交会有一个红点注字样,点击该席位弹出复用框,证件号码下面会有备注的信息[图 3-154c)]。

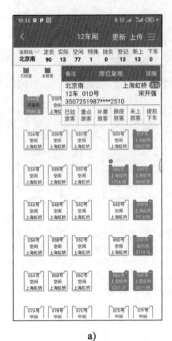  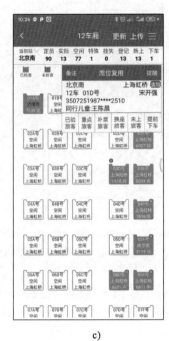

a)　　　　　　　　　b)　　　　　　　　　c)

图 3-154　备注信息登记

5. 登记已提醒

点击旅客席位,弹出席位复用框,点击提醒,登记提醒成功,该席位会有对勾显示(图 3-155)。

6. 清除登记信息

点击旅客席位,弹出席位复用框,已登记信息旅客,复用框会有清除按钮(图 3-156),点击清除会弹出确认清除弹窗(图 3-157),点击确认清除成功。

六、录音功能

(1)如图 3-158 所示,车厢可视化界面标头上有录音按钮[图 3-158a)],点击开始录音[图 3-158b)],录音完毕再次点击录音按钮,停止录音并以站名加时间作为文件名保存到指定路径下,有弹窗提示[图 3-158c)]。

温馨提示:一个车站可多次录音,文件由时间后缀来区分。

(2)点击首页侧滑菜单录音[图 3-159a)],进入录音列表界面[图 3-159b)]。点击想要播放的条目即可播放该条录音;点击叉号删除录音[图 3-159c)]。

(3)点击右下角话筒按钮,打开录音功能[图 3-160a)],点击开始即可开始录音[图 3-160b)],点击停止完成录音,并把该录音添加到录音列表[图 3-160c)]。

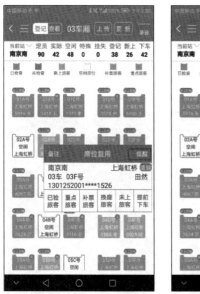

图 3-155　登记提醒　　　图 3-156　登记清除按钮　　　图 3-157　确认清除弹窗

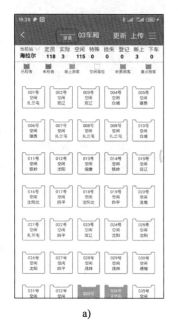

a)　　　　　　　　　　b)　　　　　　　　　　c)

图 3-158　车厢可视化中录音功能

七、护照旅客

如图 3-161 所示,点击护照旅客,进入护照旅客界面(图 3-162),显示所有护照购票旅客的车票信息,没有则显示空。

八、手动登记

如图 3-163 所示,点击手动登记[图 3-163a)],进入手动登记界面[图 3-163b)],

登记列车上无票、本列票和非本列票的旅客信息（除其他证件外 都可点击小相机进入OCR扫描界面，扫描证件号）。点击右上角已登记旅客按钮进入已登记旅客列表界面[图3-163c)]。搜索框输入证件号或证件号的一部分，点击搜索按钮可精确筛选查询登记的旅客信息。点击登记旅客弹窗提示是否删除登记信息，点击确认删除登记旅客。

a)　　　　　　　b)　　　　　　　c)

图3-159　录音列表操作

a)　　　　　　　b)　　　　　　　c)

图3-160　话筒按钮录音功能

图 3-161 护照旅客功能　　图 3-162 护照旅客查询结果

a)

b)

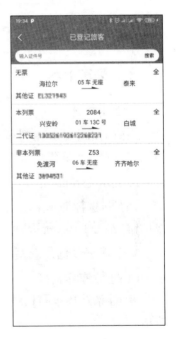
c)

图 3-163 手动登记功能

九、问题上报

列车员选择车厢进行上部服务设施、库内/折返保洁、反恐装备、应急备品(高铁)、备品检查各项问题上报给列车长。列车长查看上报问题后,会对列车员上报的问题进行提报或是退回操作。列车员可查看列车长退回的列车员本人提报的编组问题(添加"退回"标记),可进行重新编辑提报,也可取消被退回问题的提示,如图3-164所示。

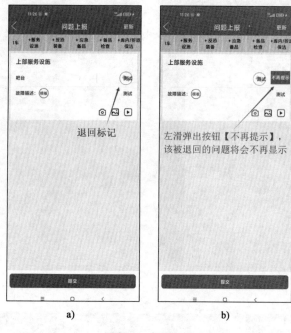

图 3-164　问题上报

十、列车上水

1. 上水概述

当前上水主要是由列车员填写纸质版沿途给水情况记录簿,车长查看各车厢给水情况需查看各车厢纸质版台账,效率低。因此推出电子化上水登记台账。

2. 上水主界面

列车员选择列车上水功能。依次显示上水车厢、上水站、提交人以及提交上水记录按钮,如图3-165所示。

3. 上水记录信息填写

(1) 上水车厢选择

点击【请选择车厢】,弹出车厢选择框,车厢可多选,点击【确定】保存,如图3-166所示。

(2) 上水站选择

点击【请选择上水站】,弹出上水站选择框,选择实际上水站,图3-167所示。上水站列表中车站均为本次列车的全部公布上水站,若上水站列表有误,可点击左上角【更新】按钮更新上水站。

4. 上水记录提交

确认上水信息无误,点击【提交上水记录】按钮,提交成功提示"上水记录提交成功",如图3-168所示。

图 3-165　上水主界面　　　图 3-166　上水车厢选择　　　图 3-167　上水站选择

5. 上水记录查看

列车长选择【上水记录】进入上水记录查询页面,可按上水站(图 3-169)或车厢(图 3-170)分别查看本次列车上水记录。

图 3-168　上水记录提交　　　图 3-169　上水站记录　　　图 3-170　上水车厢记录

十一、席位增删

乘务员可根据车厢实际席位情况添加席位,或者把添加的席位删掉,如图 3-171 所示。

十二、业务知识查询

查询【常见问题】和【基本规章】,如图 3-172 所示。

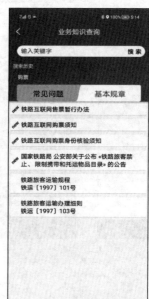

图 3-171　席位增删　　　图 3-172　业务知识查询

学习情境3.3 列车移动补票设备运用

学习情境描述

9月25日,作为列车长,你所在的乘务组正在值乘的深圳北—西安北的G822次,武汉站开车后,到车厢进行车票核验,在核验车票时,一名二等座的旅客找到你,想要补票,经查验核对,该旅客原车票为深圳北—信阳东,席位为二等座13车5D,旅客要求改乘一等座,并越站至郑州,请按章办理。

学习目标

知识目标

1. 掌握高速铁路客运列车移动补票设备的功能和用途。
2. 掌握高速铁路客运列车移动补票设备的操作方法。

技能目标

能使用列车移动补票设备办理列车补票业务。

素质目标

1. 通过严格落实列车补票规定,培养遵章守纪作业理念和标准化作业意识。
2. 培养良好的服务意识和沟通协调能力。

任务分组

请同学们自行组队并分配角色,填写表3-5,共同完成列车移动补票设备运用学习情境。

学生任务分配表　　　　　　　　　表3-5

任务名称:列车移动补票设备运用　　　指导老师:

班级		日期	
班组		组长	
班组成员		任务分工	
姓名	任务角色		

获取信息

引导问题1:手持终端设备种类有哪些?

引导问题2：班组出乘如何操作？

引导问题3：如何进行车次数据下载？

引导问题4：出现票据不足时如何处理？

引导问题5：补票时，如何进行姓名查询？

引导问题6：旅客没有车票的情况下，补票流程是什么？

引导问题7：如何补本列票的车票，操作流程是什么？

引导问题8：畅行码补票服务的流程是什么？

引导问题9：出现未上传补票信息的情况如何处理？

引导问题10：车票是否可以作废处理，有什么要求？

引导问题11：班组退乘时，如何进行退乘结账操作？

引导问题12：补票完成后，铁路是使用何种方式通知旅客的？

制订计划

根据所收集的资料,制订列车移动补票设备运用工作计划,计划内容包括作业流程、风险分析、安全卡控措施和需要用到的工具或设备清单(表格可另附页),完成表3-6。

列车移动补票设备运用工作计划　　　　表3-6

步骤	作业流程	风险分析	安全卡控措施	工具清单
1				
2				
3				
4				
5				

任务实施

根据学习情境描述,结合动车组乘务人员组成、工作责任划分,实训场地和设备,编制实训演练关键程序和关键对话脚本(可另附页),根据实训演练脚本,操作相关实训室设备,开展列车移动补票工作的模拟演练。

评价反馈

日期：　　年　　月　　日

实训项目名称：

序号	评价项目	评分标准	满分	评价			综合得分
				自评	互评	师评	
1	仪容仪表	按规定着装,仪容整洁,符合规范要求,精神状态饱满	10				
2	作业准备	精神状态符合规范要求,按规定准备工具和备品	10				
3	作业用语	及时、准确、清晰,用语规范	10				
4	应急处置	操作规范、动作准确,符合规范	20				
5	作业流程	处置要点齐全,流程合理	20				
6	作业安全	严格执行安全卡控,无安全事故发生	20				
7	职业素养	体现安全生产、组织纪律、敬业精神等	10				

成员：　　　　　　　　　　　　　　　　成绩：

相关知识

为充分发挥电子客票技术优势,进一步丰富铁路客运数字化应用场景,提升旅客出行体验,经国铁集团研究决定,自2022年9月1日起列车补票系统实施电子化升级改造。改造范围为除少量市郊线路,以及未实施电子客票的公益性"慢火车"以外,全路客运营业站与高铁动车组、普速旅客列车全面推广电子化补票。

列车补票系统设备为手持终端设备,有通用手机、一体机和补票机等几种设备类型,如图3-173所示。

图3-173 列车补票系统设备

一、补票前准备工作

1. 使用准备

在安卓系统移动终端上安装"列车补票"应用程序,并完成版本校验。

2. 出乘初始化

班组出乘,第一次打开补票终端应用进入出乘界面,选择路局后,点击【出乘】,会根据该终端的"设备ID"联网获取初始化信息,跳转到登乘界面并显示可用电子票据等基本信息,即表示出乘成功,如图3-174所示。

3. 出乘

选择补票员工号(移动补票机同号),输入密码,点击登乘,登录成功后,进入班组交路界面,添加本班组担当的乘务车次,如图3-175所示。每趟乘务前必须对担当车次、日期进行下载更新。

4. 车次数据下载

交路车次维护完毕,车次数据下载完成(将本趟值乘的车次均下载更新至客票系统当前最新有效的运行图）。点击补票车次进入补票作业界面，如图 3-176 所示。

图 3-174　出乘登录界面　　　　图 3-175　班组交路界面　　　　图 3-176　补票作业界面

二、补票作业

开始补票作业前，首先获取为该设备发放的电子票据号段确认后，选择右下角的业务处理，点击领取车票，补票终端会更新登录界面的剩余张数。

1. 姓名查询

点击证件姓名条目的右侧图标按钮，查询证件号对应的名字并显示，核对无误后方可继续补票，如图 3-177 所示。

2. 补无原票

顺序选择发站、到站、票种、席别、铺别、事由等信息后选择支付方式，在票面信息界面选择只上传存根数据。上传成功后即可在地面管理应用查询到该条存根信息。

3. 补本列票、非本列票

选择证件类型，输入证件号，点击"搜索"图标按钮，便可查询原票信息，根据情况在原票列表中选择正确的原票信息，按旅客需求进行补收，如图 3-178 所示。

补票后，系统自动判断原席位是否可返库，并将可返库的席位返库，该席位可以再次售卖，存根查询会提示"原席位：已返库"。只有全程升舱、越站升舱、误乘非本列票补差，并且新补票有席位才会将原席位返库；原购票是列车补票的不返库。图 3-179 为存根查询界面。

图3-177 姓名查询功能界面　　图3-178 补本列票界面

图3-179 存根查询界面

4. 补公免签证

输入身份证号或者公免号,点击公免条目右边的"搜索"按钮,便可查询到公免或身份证信息,并显示姓名,也可以手工输入公免信息,如图3-180所示。

5. 补"通学"票种

对于应购买儿童优惠票的儿童,因家庭所在地与学校所在地不在同一城市,需要独自乘坐火车往返于两地之间时,可凭本人有效身份证和学校开具的书面证明,在车站售票窗口购买"通学"票种的学生票通勤车票,票价按照儿童优惠票计算。列车补票相应增加"通学"票种以满足符合条件儿童的补票需求,如图3-181所示。

6. 畅行码补票服务

(1) 旅客通过扫畅行码,进入畅行码小程序,在畅行码小程序填写并提交补票需求,并确认提交成功,如图3-182所示。

(2) 旅客确定提交补票需求后,班组在补票作业程序中选择自助补票即可查看车旅客提交的补票需求,需求包含车次、发到站、乘车日期、席别、证件类型、证件号、旅客位置以及订单状态等信息。

(3) 班组在接到旅客需求信息后,可根据列车实际情况进行处理,可以按照设备提示拒绝受理和受理补票需求订单。图3-183为旅客需求界面,图3-184为班组处理界面。

(4)班组受理成功后,自动跳转到补票作业界面,如信息有误可点击修改后进行补票。班组应到旅客处进行补票业务。依次选择原票信息、事由、席位等信息进行正常补票操作。

(5)补票完成后订单即为完成状态,票机需求订单列表和旅客小程序旅客提交记录都会显示完成状态,如图 3-185 所示。

图 3-180　补公免签证界面

图 3-181　补通学票界面

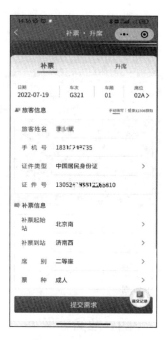

图 3-182　畅行码补票界面

图 3-183　旅客需求界面

图 3-184　班组处理界面

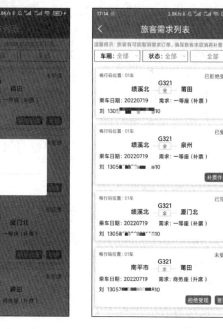

图 3-185　订单完成界面

活页 3-63　　项目 3　高速铁路动车移动设备运用　｜ 135

补票完成后,补票信息将根据该手机号关联的12306账户所设置绑定的渠道通过支付宝或微信通知旅客;设置若未绑定,将根据旅客电话号进行短信通知。旅客可通过12306的列车补票码进行信息查询。

三、报销凭证

列车补票系统完成电子化改造后,业务规则比照《铁路旅客电子客票暂行实施办法》(铁客〔2020〕105号)有关规定,旅客运输合同以电子数据形式体现,乘车凭证为旅客办理补票时所使用的有效身份证件,站车办理补票时不再打印纸质车票,原纸质车票转变为报销凭证,纳入电子客票报销凭证体系中统一管理、按需提供。旅客凭补票证件检票出站,可根据需要前往任一车站窗口、自助票务终端领取报销凭证,如图3-186所示,领取时限与售票保持一致。12306手机客户端、自助票务终端、车站窗口均提供列车补票与到站补票查询记录。

图3-186 报销凭证样式

遇特殊情况,旅客在下车站需要办理列车补票退票时,车站应先行打印报销凭证,凭补票身份证件、报销凭证、客运记录,按现有流程、规则退票,收回报销凭证与客运记录。

四、业务处理

1. 上传信息

在上传过程中如遇信号不好无法上传信息时,在业务处理界面的存根查询界面,可以查询本趟车补票情况,并显示存根上传状态。存根已上传显示绿色"已上传",未上传显示红色"未上传"。出现未上传,旅客将无法检票出站和换取报销凭证,班组需要点击"补传信息"或"一键上传"按钮进行数据补传。列车终到退乘前必须将未上传的信息及时上传。

2. 信息提示单打印

在存根查询界面,如旅客需要查询信息提示,点击显示的存根条目,进入补打凭条界面,如图3-187所示。

3. 废票处理

点击业务处理界面,如图3-188所示,选择废票处理,进入废票处理界面,如图3-189所示,作废限时30min。因电子票业务为实时上传数据与信息,要求班组对已上传信息的票据,不允许作废处理。

4. 退乘交账

按流程在应用程序中点击"退乘"完成退乘操作,必须是终到结账部门时,方可进行操作,班组在乘务中、折返站,不可以做退乘结账操作;如需改换车次,选择业务处理中的换乘,进行车次更改;如班组自行退乘,班组将不能在操作终端电子补票工作。

图 3-187　补打凭条界面　　　　图 3-188　业务处理界面

点击"退乘"会自动检查是否有未上传存根,如图 3-190 所示,并要求补传存根数据,班组根据程序提示完成数据补传。如存根全部上传完毕,点击"退乘",并输入有效的校验密码,即可退乘成功。

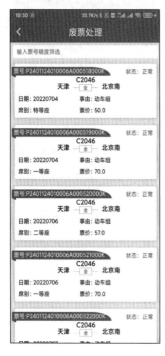

图 3-189　废票处理界面　　　　图 3-190　退乘界面

活页 3-65　　项目 3　高速铁路动车移动设备运用 | 137

正常情况"退乘"为一次性操作不可逆，操作需明确已退乘结账不再补票。地面结账人员将列车补票款及补票终端数据入账，生成格式文件，核对账目，打印结账单据。

五、电子票据管理

（1）实行电子客票的列车补票终端每台设备单独设置25位的电子票号，与补票存根记账编号保持一致，号码连续且不重复。电子票号格式为：运输企业（1）+客运段（4）+设备号（9）+符号（1）+票号（6）+预留（3）+补票渠道（1）。

例：P2401124010006A000001000K。

（2）列车补票系统完成电子化改造后，不再装配纸质票卷，原有纸质票据升级为电子票据，核算运输收入的原始凭证升级为电子票据数据，新版程序收入结账、票据管理等功能严格按照国铁集团《铁路电子客票运输收入管理暂行办法》（铁财〔2019〕81号）有关规定执行。

列车补票电子数据在国铁集团、铁路局集团公司实行分级分类存储，纳入客票销售数据统计范围，作为客运营销统计分析体系的重要数据来源与依据，以接口文件形式向收入部门与统计部门推送。

六、特殊情况管理

（1）列车运行途中存在网络信号盲区可能性较大，工作人员需在列车开车前登录补票程序完成数据下载；如列车运行区段网络条件持续较差，可利用全功能站车交互终端（集成补票功能）办理脱机补票，向旅客提供列车补票行程信息凭条，如图3-191所示，旅客持补票证件及"行程信息提示"凭证通过人工口核验出站，或通过出站闸机扫"行程信息提示"凭证上的二维码校验出站。

（2）通过移动终端完成列车补票或到站补票的，数据上传成功后，旅客方可刷证出站、查询补票记录及领取报销凭证，

图3-191　行程信息提示单

工作人员需要重点关注数据上传情况，及时完成手工补传操作。

列车补票仍保留纸质车票作业模式，沿用既有设备，值乘班组可将纸质车票补票机作为备用设备，在电子客票补票设备发生故障或无法使用时启用，两种设备不可混用。列车补票移动终端要加强设备维护与管理，仅允许使用GSM-R或指定的物联网SIM卡，不得插入普通SIM卡，终端不得安装与工作无关的应用程序。

项目 4

高速铁路动车运输收入管理

奋进力量

国铁集团与9家银行签署战略合作协议
"铁路+金融"提升服务能力

2021年9月23日,中国国家铁路集团有限公司(简称国铁集团)分别与国家开发银行、中国进出口银行、中国工商银行、中国农业银行、中国银行、中国建设银行、交通银行、中国邮政储蓄银行、招商银行9家银行签署战略合作协议。国铁集团董事长、党组书记陆东福和9家银行主要负责人出席签约仪式。根据协议,双方在投融资、电子支付、现金管理、资金结算、境外金融服务等方面达成意向性合作意见,着力拓展务实开放的"铁路+金融"合作模式,不断提升铁路和金融的普惠服务能力,为交通强国铁路先行提供优质高效的金融保障,为服务国家重大战略实施提供运输支撑。

此次双方签订战略合作协议,将在原有合作基础上,进一步深化国铁企业和金融机构战略伙伴关系,打造更高水平的"铁路+金融"合作模式。依托互联网金融、区块链、人工智能等先进信息技术,结合铁路应用场景,创新金融产品,提升客货运输电子支付服务水平。国铁企业将与合作银行加强存款、结算、票据等各项金融业务合作,将合作银行作为资本运作和资金保值、增值服务等方面的主要合作伙伴。

国铁集团与银行等金融机构开展务实合作,意义十分重大,有利于提高银企合作能力和水平,推动铁路和金融行业优势互补、合作共赢,共同促进高质量发展;有利于强化金融对实体经济的支撑作用,增强铁路建设资金筹措能力;有利于拓展组合金融配置,共同促进降低融资成本,有效防范金融风险;有利于提升铁路和金融普惠服务能力,为旅客货主提供更好的服务体验。

来源:"中国铁路"微信公众号

请同学们思考一下,铁路金融升级如何提升服务旅客能力?

学习情境 4.1　票据管理及列车收入管理

学习情境描述

2024 年 1 月 1 日,你所值乘的 G976 次(沈阳南—北京朝阳)列车将于 10:30 终到北京朝阳站,随后立即折返开行 G923 次(北京朝阳—沈阳),终到沈阳后结束值乘任务,列车共计补票 10 张,旅客均为扫码支付,收到票款共计 1350 元。假如你为本次列车的列车长,如何进行票据管理和结账?

学习目标

知识目标

1. 掌握高速铁路票据管理规定。
2. 掌握高速铁路列车收入管理办法。

技能目标

1. 能够在值乘时妥善保管和交接各类票据,做好记录台账。
2. 能够按规定做好列车收入管理工作。

素质目标

1. 树立严谨细致的工作态度和遵章守纪的工作意识。
2. 树立安全生产意识,提高应急处置能力。

任务分组

请同学们自行组队并分配角色,填写表 4-1,共同完成高速铁路动车票据管理及列车收入管理作业,可邀请其他小组同学充当旅客角色。

学生任务分配表　　　　　　　　　　　　表 4-1

任务名称:高速铁路动车票据管理及列车收入管理　　指导老师:

班级		日期	
班组		组长	
班组成员		任务分工	
姓名	任务角色		

获取信息

引导问题1：什么是铁路运输收入？

引导问题2：什么是铁路运输收入管理工作？

引导问题3：铁路运输收入管理工作的任务是什么？

引导问题4：列车票据管理工作分为哪几个阶段？

引导问题5：列车收入管理工作的基本任务是什么？

引导问题6：列车遇到旅客扫码输入金额与补票款不一致时应如何处理？

制订计划

根据所收集的资料，制订高速铁路动车票据管理及列车收入管理工作计划，计划内容包括作业流程、风险分析、安全卡控措施和需要用到的工具或设备清单（表格可另附页），完成表4-2。

高速铁路动车票据管理及列车收入管理工作计划　　　　表4-2

步骤	作业流程	风险分析	安全卡控措施	工具清单
1				
2				
3				
4				
5				

任务实施

根据学习情境描述,结合动车组乘务人员组成、工作责任划分、实训场地和设备,编制实训演练关键程序和关键对话脚本(可另附页),根据实训演练脚本,操作相关实训室设备,开展值乘整个过程中的票据及收入管理工作的模拟演练。

评价反馈

日期:　　年　　月　　日

实训项目名称:

序号	评价项目	评分标准	满分	评价			综合得分
				自评	互评	师评	
1	仪容仪表	按规定着装,仪容整洁,符合规范要求,精神状态饱满	10				
2	作业准备	精神状态符合规范要求,按规定准备工具和备品	10				
3	作业流程	作业要点齐全,流程合理	10				
4	应急处置	操作规范、动作准确,符合规范	20				
5	票据管理	作业规范、及时	20				
6	收入管理	缴款及时,无异常	10				
7	作业安全	严格执行安全卡控,无安全事故发生	10				
8	职业素养	体现安全生产、组织纪律、敬业精神等	10				

成员:　　　　　　　　　　成绩

相关知识

铁路企业实行运输收入进款的集中管理与监督机制,构建规范统一、全面核算、高效监督的管理体系。客货营业单位(指办理铁路运输费用核收业务的车站、客运段、12306网站和95306网站,以及客运售票、货运制票单位或站点等,下同)负责组织规章制度和内在制度的执行,保证运输费用的正确、及时、完整和安全。

铁路运输收入,是指铁路运输企业在办理客货运输业务和辅助作业中,向旅客、托运人、收货人核收的票款、运费、杂费等运输费用的总称,其资金形态统称为运输收入进款。

铁路运输收入管理工作是指对铁路客货运输票据、运输进款资金运动和运输收入实现的全过程进行监督与管理。其基本任务如下:

(1)监督客、货营业单位正确核收各种运输费用。

(2)负责运输收入进款资金的管理,确保运输收入完整和资金的及时缴拨。

(3)对各项运输收入进行审核和会计核算,编制会计报表,提供准确的运输收入数据信息。

（4）为各经济主体之间的资金结算和运输收入清算提供准确的运输收入数据信息。

（5）负责铁路客货运输票据的印制、供应、使用和保管等管理工作，保证运输生产的需要。

（6）负责编制铁路运输收入预算，并组织落实。

（7）查处各种侵犯铁路运输收入的违章、违纪行为。

一、列车票据管理

旅客列车的票据管理实行列车长负责制，列车长对票据的领取、使用、保管、交接全过程负责。

（一）出乘前的票据请领

（1）列车班组请领票据时，列车长由陪同人员随行，共同前往客运段（车务段乘务车间）票据库领取票据。

（2）列车长凭客运段收入部门核准的"客货票据领发单（财收—12—1）"领取票据，并核对票据名称、符号、起号、止号、数量。经清点无误后，客运段票据库管账人员、管库人员与列车长及陪同人员在"客货票据领发单"上签认。其中，列车长在"领票人签收"栏签字，陪同人员在"记事"栏签字。

（3）客运段应配备列车班组存放票据的票据柜。票据柜安放处所应达到票据库安全标准，由客运段指派值班人员负责值守。并建立"列车班组取存票据登记簿"，由客运段指派值班人员负责保管。列车班组从票据柜中取存票据时，经值班人员核对后，值班人员、列车长、陪同人员三方分别签字。

（4）出乘前，列车长应由陪同人员陪同从票据柜取出列车所需票据，填写"列车班组取存票据登记簿"。列车长变动时，应在客运段票据库人员监督下，清点票据柜票据实物并办理交接，在"客货票据进款交接班登记簿（财收—22—1）"上三方签字。其中票据库监督人在"记事栏"签字。

（5）旅客列车和乘务员公寓应配置保险柜，保险柜内不得存放与票据、票款无关的物品。保险柜锁闭后必须打乱密码。旅客列车因特殊原因无法配置保险柜的，客运段应制定相应的安保措施。

（6）列车长从客运段票据柜取出票据后，必须有陪同人员同行，直接抵达列车保险柜处所，中途不得办理其他事务。上车后，列车长与负责办理补票业务的人员进行票据交接时，由列车长填写"客货票据进款交接班登记簿"。交接工作必须在列车保险柜存放处所办理。

票据放入保险柜后，加锁并打乱密码。一把钥匙由列车长与列车值班员共同封存，由列车长保管；另一把钥匙由值班员保管使用。不设列车值班员的班组，列车长在陪同人员看护下将票据放入保险柜，钥匙由列车长负责保管、使用。

（二）运行途中的票据管理

（1）需从保险柜中取出票据时，必须两人以上人员在场，相互监督，确保票据安全。

（2）列车运行途中需要办理票据交接时，应在列车长在场的情况下进行。据实填写"客货票据进款交接班登记簿",双方签认。交接工作必须在列车保险柜存放处所办理。

(3)负责办理补票业务的人员应使用专用补票包存放票据,必须做到人、票不分离。禁止将已从保险柜取出、但尚未使用票据存放在补票包外的其他处所,严禁将专用补票包转交他人代为保管。

(三)折返时的票据管理

(1)列车到达折返站,列车长必须清点票据,两人以上将所有票据存入列车保险柜。列车乘务人员全体入住公寓的,列车长应携带全部票据前往公寓存入保险柜。票据存入保险柜时必须两人以上在场。

(2)列车、公寓存放保险柜的处所,应有专人昼夜不间断看管。

(3)列车长携带票据往返公寓或列车时,必须有陪同人员同行,中途不得办理其他事务。

(四)退乘时的票据管理

(1)列车终到退乘前,列车长必须清点票据。设有列车值班员的列车班组,列车长与列车值班员共同清点票据。填写"客货票据进款交接班登记簿",双方确认签字。

(2)列车长携带票据办理退乘手续时,必须有陪同人员同行,除缴款外,中途不得办理其他事务。

(3)列车长到达客运段后,将已使用的册页式票据报告联、存根联、作废票,随"车内补票移交报告(财收—17)"交客运段收入管理部门。

(4)列车长根据"车内补票移交报告",与剩余票据的起止号核对,填写"列车班组取存票据登记簿",经客运段值班人员确认后,值班人员、列车长及陪同人员三方分别在"列车班组取存票据登记簿"上签字,及时将票据存入班组专用票据柜。

(5)列车长每月月终,根据全月各种票据的实际领收、使用、结存数量,编报"列车长领用票据月报(财收—15—2)"。

二、列车收入管理

铁路运输收入票据管理工作,是铁路运输收入管理工作的重要组成部分。其基本任务是对铁路客货运输票据的印制、请领、保管、缴销、使用等全过程进行管理与监督,以满足铁路运输生产需要和保证铁路运输费用的正确核收。

旅客列车的列车长负责组织支撑列车的运输收入工作,发动全体乘务人员正确执行国家财经政策和各项规章制度,落实检票制度,防止无票旅客乘车、无票运输和携带品超重、超限,正确办理各项补票业务,维护运输收入完整。列车长值乘时,发现不符合规定应按章处理,如当时不能处理应开具客运记录报铁路局集团公司处理。

(一)列车票款管理

(1)列车长出乘前,必须带足所需客票票据,列车应配备保险柜存放票据和票款。列车使用的票据与核收的票款,应由列车长或其指定的专人负责管理,保证票据和现金的绝对安全。交接票据要当面逐号查清,并签认。

(2)填写票据应按票据号码顺序正确使用,填写正确的票据不得任意作废,必须作废时，应填记作废理由，使用完毕的票据存根页统一交本段保管。因调离工作岗位未用完的客票票据，须及时交回，在未交清前不得离职。

（3）列车长于每次值乘终了时，根据往返程发售的各种票据经复核后，编制"车内补票移交报告（财收—17）"，在返程终点站由乘警护送向本段或车站缴款，移交车站时由车站填发客运运价杂费收据代为上缴。

（4）当次列车填发的全部票据与核收的进款，必须全部报缴，不准押票押款，挪用进款。

（5）客运段可在当地银行开立运输收入存款户，办理车内补票款的存入与上缴工作。

（6）铁路局集团公司审核车内补票报告和随附票据，发现多收、少收、多缴、少缴款时，分别填发"票价订正通知书（财收—9）"及"多、少缴款订正通知书（财收—11）"交客运段处理。

少缴款处理期限不得超过 30 天，对超过期限未处理的少缴款，由责任者赔偿，责任者无力赔偿或少收款属单位责任的，由单位负责赔偿，在责任单位营业外支出科目列支；多缴款超过 180 天未能处理时，转运营财务部门列营业外收入。

（二）进款结账规定

列车运输收入进款应遵守先交款后结账的原则，按日进行结账。结账时间除特定情况外，统一规定为 18:00。旅客列车结账时间为本次乘务工作终了。

当月运输收入进款应在当月列账。实行移动补票机售票和制票的列车，直接收款人员必须在办理交款手续后方可打印结账报表。

现金交接必须当面清点，不准以支票套取现金。结账时发生多出款，应在当日列账上缴，严禁保留账外现金。短少款由责任者当时赔补，不准以运输收入进款或找零款顶数滚欠。

列车长每次值乘终了应正确编报"车内补票移交报告"，在退乘当日连同票据存根页、报告页和缴款数据一并送交客运段，客运段填写"车内补票移交报告汇总表"上报铁路局集团公司。

三、列车扫码支付运输收入管理

旅客列车扫码支付是指旅客使用手机上的扫码工具，扫描旅客列车提供的二维码（即客运段扫码支付管理系统生成的支付二维码）来完成支付所补办车票票款的方式。它是铁路运输收入的非现金结算方式，其管理应符合铁路运输收入管理和与铁路合作支付公司扫码支付等有关规定和规则。

旅客列车扫码支付列车补票款存入铁路收取票款客运段运输收入专户。客运段按照企业支付商户号（或账号）开通的要求办理申请工作，获取企业商户账户，以及与铁路合作支付公司提供的扫码支付管理系统用户名及口令等相关工作。

（一）扫码支付程序

客运段运输收入管理人员根据列车长出乘领取的补票机，通过扫码支付管理系统选择相应的补票机生成"列车长授权二维码"。列车长使用手机上已安装的合作企业扫码支付应用扫描"列车长授权二维码",获得接收该补票机对应的"收款二维码"收款消息通知和办理退还款差的权限。"列车长授权二维码"只能授予一个用户,更换用户需取消授权后再办理新用户的授权,一个用户可获得多个"收款二维码"的授权。

扫码支付管理系统生成的二维码标识,包括客运段名称、企业商户账户、列车车队、列车班组、补票机 ID 等相关信息。

列车办理补票时,根据旅客选择的现金、扫码支付方式,在移动补票机上选择相应支付方式选项(如 1 现金、2 微信、3 支付宝等)。列车补票系统按不同的支付方式进行结账。

旅客选择与铁路合作支付公司扫码支付方式后,列车补票人员在补票机上选择并显示相应支付方式的"收款二维码"。旅客使用其付款手机上已安装相应方式的扫码支付应用来自主扫描"收款二维码",并输入应支付的车票款金额,支付成功后获取补办的车票。

(二)异常情况处理

(1)列车遇旅客扫码输入金额与列车补票款出现不一致时,应及时处理。如发生少支付列车补票款时,需要旅客按原支付方式继续支付差额;如发生多支付列车补票款时,由列车长按照旅客原支付方式系统提供的功能,直接办理退还差额;如在旅客下车前仍没有收到退还差额信息时,列车长开具客运记录交旅客作为退还款差的凭据,经客运段核实后通过原扫码方式办理退款。

(2)旅客使用扫码支付列车补票款后,因发生线路中断、空调故障、旅客因病中途下车及列车挂失补等需办理退款时,按现行规定由列车长开具客运记录,交旅客到站办理。到站通过原扫码方式办理退票、退款手续。

(三)退乘交接

列车扫码支付管理系统按照各列车班组乘务期间,车补扫码支付交易信息进行结账和打印"结账凭证"的交易金额,应与列车移动补票系统结账打印的"车内补票移交报告"所列示的相应扫码支付车补票款相一致。出现不符时,及时查明原因,按有关规定处理。现行列车补票现金交接与管理方式不变。

客运段办理交接手续完毕后,应及时通过扫码支付管理系统将商务账户中该列车班组扫码支付交易的结账金额全部结转到客运段运输收入专户,并打印结转凭证。出现不符时,及时查明原因,按有关规定处理。

列车班组使用移动补票机通过各种支付方式办理的列车补票款,应与列车班组实际核收的现金和相应的扫码支付交易金额相一致。出现不符时,应查明原因,按有关规定处理。

客运段根据"车内补票移交报告"逐日汇总编制"运输进款收支报告"。其中,扫码支付金额分别按合作企业列报相应科目。

学习情境4.2 运输收入事故处理

学习情境描述

2024年1月1日,G976次(沈阳南—北京朝阳)列车,沈阳站开车后验票发现因公出差的××铁路房建公寓段潘某某、张某某从沈阳站上车后违规使用商务座,当班列车长郑某和列车员王某未按有关规定劝阻和处理,后被稽查人员检查发现,铁路部门应如何处理?

学习目标

知识目标

1. 掌握铁路运输收入事故的种类和相关规定。
2. 掌握铁路运输收入违纪行为规定。

技能目标

1. 能判断运输收入违纪行为。
2. 能判断运输收入事故的种类和等级。

素质目标

1. 树立严谨细致的工作态度和遵章守纪的工作意识,保证铁路运输收入安全。
2. 树立规矩和红线意识,维护铁路正常生产秩序。

任务分组

请同学们自行组队并分配角色,填写表4-3,共同完成高速铁路动车运输收入事故处理作业,可邀请其他小组同学充当旅客角色。

学生任务分配表　　　　　　　　　　　　　　表4-3

任务名称:高速铁路动车运输收入事故处理　　　指导老师:

班级		日期	
班组		组长	
班组成员		任务分工	
姓名	任务角色		

获取信息

引导问题1：铁路运输收入稽查工作的基本任务是什么？
_____
_____

引导问题2：铁路运输收入稽查人员职权包括哪些方面？
_____
_____

引导问题3：什么是站车客运收入违纪行为？
_____
_____

引导问题4：哪些行为属于客运收入违纪行为？
_____
_____

引导问题5：运输收入事故如何分类？
_____
_____

引导问题6：运输收入事故等级如何划分？
_____
_____

引导问题7：运输收入事故如何处理？
_____
_____

制订计划

根据所收集的资料，制订高速铁路动车运输收入事故处理工作计划，计划内容包括作业流程、风险分析、安全卡控措施和需要用到的工具或设备清单（表格可另附页），完成表4-4。

高速铁路动车运输收入事故处理工作计划 表4-4

步骤	作业流程	风险分析	安全卡控措施	工具清单
1				
2				
3				
4				
5				

任务实施

根据学习情境描述，结合动车组乘务人员组成、工作责任划分、实训场地和设备，编制实训演练关键程序和关键对话脚本（可另附页），根据实训演练脚本，操作相关实训室设备，开展运输收入事故处理工作的模拟演练。

评价反馈

日期：　　年　　月　　日

实训项目名称：

成员：				成绩			
序号	评价项目	评分标准	满分	评价			综合得分
				自评	互评	师评	
1	仪容仪表	按规定着装，仪容整洁，符合规范要求，精神状态饱满	10				
2	作业准备	精神状态符合规范要求，按规定准备工具和备品	10				
3	作业流程	作业要点齐全，流程合理	10				
4	异常处置	操作规范、准确	20				
5	票据管理	作业规范、及时	20				
6	收入管理	遵章守纪，按规章办事	10				
7	作业安全	严格执行安全卡控，无安全事故发生	10				
8	职业素养	体现安全生产、组织纪律、敬业精神等	10				

相关知识

一、运输收入的检查与监督

铁路运输收入稽查工作是铁路财务监督的重要组成部分，是各运输企业收入管理部门授予的职权，对从事铁路客货运输单位运输收入工作的全过程进行监督、检查、处理工作的总称。

铁路运输收入稽查工作的基本任务是：对管辖区域内从事铁路客货运输单位及相关单位的运输收入工作，依据国铁集团有关规章、规定和铁路运输企业依据国铁集团规章、规定制定的补充规定，进行监督、检查、指导，查处各种违反铁路运输收入纪律的违章违纪行为，维护铁路运输合同各方当事人的合法权益，保证铁路运输收入的正确核收和按规定解缴。

（一）运输收入专业检查与监督

为保证运输进款及运输收入正确核收和完整上缴，铁路运输企业收入管理部门负责内部审核、会计核算、实地稽查的方法,对运输进款的资金运用及运输收入实现的全过程检查与监督。

(1)各级收入管理部门有权对客运售票系统、行包制票系统生成的原始信息进行稽查,并对客票信息、行包信息网络传输的安全性、准确性进行检查与监督。

(2)各级收入管理部门对于不执行或不正确执行规章制度的单位的违纪行为及其所作出的违反国务院铁路主管部门规定的错误决定,有权要求其纠正或撤销,必要时报告主导或上级业务主管部门督促执行。对违反运输收入纪律的单位和个人,有权提出经济处行政处分的建议。

(二)运输收入稽查人员的职权

各级运输收入稽查人员对管内的站段、旅客列车(包括通过、到达管内的外单位的旅客列车及国际联运旅客列车)的运输进款及运输收入工作,负有监督、监察、指导的职责。运输收入稽查人员的职权具体包括以下方面:

(1)检查站段和客、货列车(包括机车、邮政车及各种专用车辆)有关运输进款及运输收入的工作;凭稽查证件、稽查臂章查验旅客乘车凭证及路内职工乘车证。

(2)有权查处涉及运输进款和运输收入的各种违章违纪问题。

(3)有权调阅与运输进款及运输收入有关的各种账表凭证、文件、资料;有权要求被查单位介绍情况,接受检查;对于能够证明违纪事实的资料有权暂予扣留或封存。

(4)对稽查中发现的违章违纪行为,在稽查现场有权予以制止;对查出的问题填发"稽查工作记录",由被查单位负责人签认,必要时可拍发铁路电报向上级机关报告;对违章违纪的单位和个人,有权提出经济处罚和行政处分的建议,责任单位如无特别理由须按稽查提出的建议限期做出相应处理,并将处理结果和整改措施报稽查的派出单位。

(5)运输收入稽查人员执行任务需乘车时,免予签证,不受车种、席别的限制;出入车站有关处所,使用铁路电话、拍发铁路电报均不受限制。

二、站车客运收入违纪行为与处罚

站车客运收入违纪行为是指站车及其所属有关工作人员在办理客货运输业务和开展延伸服务活动中及对完成的运输收入进行核算、列账、报缴时,为了局部利益或个人利益,违反有关铁路运输收入管理的规章制度,有意侵犯铁路运输收入和因工作失职致使铁路运输收入遭受损失的行为。

列车乘务人员在办理客运业务时,构成下列行为之一的,属于违纪行为:

(1)利用工作职务之便,篡改票证、报表或以其他方式侵占运输进款的;

(2)为长途旅客开短途票的;

(3)私带无票人员的;

(4)安排旅客(包括持有铁路乘车证的铁路职工)越席乘车的;

(5)无票运输货物的;

(6)违规占用卧铺、坐席的;

(7)其他违反铁路运输收入规定或客运计费规定,造成运输收入漏、少收的。

对构成运输收入违纪行为的单位,根据情节将给予警告、通报批评、罚款,取消年度有关先进表彰的评比资格等多种处罚。对构成运输收入违纪行为的直接责任者、主要领导根据事实和情节,将给予警告、记过、记大过、降职、撤销、留用察看、开除等形式的行政处分及一定的经济处罚。

三、运输收入事故分类与等级

(一)运输收入事故分类

运输收入事故可分为现金事故、票据事故和坏账损失三类。

(1)现金事故:现金丢失、被盗、被抢劫。

(2)票据事故:在印制、保管、发放、寄送、运输和使用过程中发生的铁路客货运票据丢失、灭失、被盗、短少。使用过的发送、到达铁路客货运输票据和印刷过程中的半成品,发生丢失、灭失、被盗、短少时,也属于票据事故。

(3)坏账损失:因失职造成的无法收回的运输收入进款。

(二)运输收入事故等级

运输收入事故等级分为一般事故、大事故和重大事故。

(1)一般事故:损失金额不足 1 万元。

(2)大事故:损失金额在 1 万元及其以上,不足 10 万元。

(3)重大事故:损失金额在 10 万元及其以上。

(三)事故金额的计算

(1)现金、银行票据和坏账损失按实际损失计算。

(2)车票和印有固定金额的票据,按票面金额计算。

(3)代用票按每组 1000 元计算。

(4)计算机软纸空白票按每张 1000 元计算。

(5)行李票、包裹票、客运杂费收据等未印金额的票据按每组 500 元计算。

(6)各种货票、货运杂数收据等未印金额的票据按每组 1000 元计算。

(7)对使用过的到达铁路客货运输票据事故金额按上述相应票据计算。

(8)对使用过的发送铁路客货运输票据事故金额能确定运输收入实际损失的,按造成的运输收入实际损失计算,不能确定实际损失的按上述相应票据计算。

(四)运输收入事故的处理

发生运输收入事故时,应保护好现场,并立即告知收入管理部门和公安部门,以便及时破案。

事故发生后应于 5 日内向本企业收入管理部门提出"运输收入事故报告表"(图 4-1)并附责任人书面材料。重大、大事故应及时书面报告国铁集团。发生运输收入事故除经济赔偿外,可视情节轻重对责任者给予行政处分,情节严重的应追究主管领导的行政责任。

一般事故由站、段处理,并报本企业收入管理部门备案。重大、大事故由铁路运输企业处理,并报国铁集团收入管理部门备案。

____铁路局集团公司运输收入事故报告表

发生时间			发生地点	
实物损失			折算金额	
			事故等级	
责任单位		责任者姓名		职务
事故概况				
初步分析				
参加分析人员				

单位公章：　　　　主管：　　　　提报日期：　　　年 月 日

图 4-1　运输收入事故报告表

（五）事故的经济赔偿

发生运输收入事故造成的经济损失须由责任者和责任单位赔偿，责任者无力赔偿的部分由事故发生单位负责赔偿，收回的事故赔款列原科目，其中票据事故赔款列其他收入。

项目 5

高速铁路动车客运安全管理

奋进力量

你放心，你不会死的。因为我会死在你前面！

2018年1月25日，由青岛开往杭州东的G281次列车运行至定远站停车，电气设备发生故障，高铁车厢浓烟滚滚，大批旅客正在转移。

据在场旅客描述，看到窗外有烟，因为风雪较大，烟被吹散，很多没有见过除雪作业的南方人，觉得很稀奇。车里很多旅客都在说，"哇！铁轨加热吗？直接把雪气化了！"感觉不到一分钟，外面的烟变浓了，明显能看出不是水蒸气，灰黑色的烟，越来越浓！

动车起火了！列车员过了刚刚得知消息的慌张后，马上进入状态，开始没有宣布着火的消息，仅仅是疏散旅客，向后方安全的车厢疏散。很多旅客不理解，在问"怎么了？为什么？"我在看见那个惊慌的表情的时候，听到他说快走，我就二话不说，背上背包拿上水，扭头就走（拔腿就跑）。因为我也是直面客户的岗位，在遇到问题时，我们的第一反应往往不是告诉客户怎么了，为什么？而是本能地避开问题本身，直接给出解决方案。而且我们在处理问题时，不能慌，不能急，要表现出一切都在掌握中的样子，这样旅客才会信任你，不会自己采取措施，全权听你指挥！

这里乘务组做到了。她们几个女人，没有慌乱，没有扩散这个容易引起恐慌的消息。你看她们的时候，你感觉可能只是一个小火灾，而她们眼里的慌张，你们没有看到，当她们每人抱着几个灭火器跑过去的时候，我看到了人性的光辉。真的，不经历这种事情，永远都无法感受到这种伟大！

当时车里有个旅客开了个玩笑。因为疏散，又排队，后面的人一下子上不来，后面的一个男旅客大喊"快跑啊，火烧过来了！"有一个列车员抱着灭火器从旁边挤过去的时候。大声地对他说："你放心，你不会死的。因为我会死在你前面！"

谢谢你们，不顾一切，挽救了一场灾难！

来源："共青团中央"微信公众号

请同学们思考一下，列车乘务中有哪些安全管理措施和制度呢？

学习情境5.1 作业安全与人身安全管理

学习情境描述

2024年1月1日,一名女性旅客持有G159次北京南—南京南和G2105次南京南—马鞍山东的联程票,列车到达南京南站后停靠在21号站台,由于天气原因列车为晚点到达,旅客换乘时间紧张。此时旅客发现要换乘的列车恰好停靠在对面的22号站台,旅客趁车站工作人员不备,穿越站台尽头护栏进入股道,从车头位置跨越股道,此时被列车工作人员发现,列车工作人员应如何处置?

学习目标

知识目标

1. 掌握铁路安全作业标准。
2. 掌握出入站(库)和列车运行中的人身安全管理措施。

技能目标

能按照标准和相关规定做好自身安全管理。

素质目标

1. 具备良好的服务意识和高度的工作责任心。
2. 具备安全无小事的安全生产意识。

任务分组

请同学们自行组队并分配角色,填写表5-1,共同完成乘务组的作业安全与人身安全管理作业,可邀请其他小组同学充当旅客角色。

学生任务分配表 表5-1

任务名称:乘务组作业安全与人身安全管理　　　　指导老师:

班级		日期	
班组		组长	
班组成员		任务分工	
姓名	任务角色		

获取信息

引导问题 1：新上岗、转岗、调岗和提改职人员必须进行_____、_____、_____三级安全教育培训。

引导问题 2：学徒工、实习人员参加作业前，必须签订_____，严格落实人身安全互控措施，严禁_____，否则不得单独顶岗活动。

引导问题 3：职工沿线路行走时，应注意哪些问题？

_____

_____

引导问题 4：职工通过线路时，应走天桥、地道、平交道。通过平交道时，应"_____"。

引导问题 5：横越有机车车辆停留的线路时，必须先确认机车车辆暂不移动，然后在距该机车车辆_____m 以外绕行。

引导问题 6：出退乘行走时，需一班同行，列纵队走规定走行路线。上下楼梯_____侧行走，留出通道，紧握扶手，稳步慢行。

引导问题 7：人身安全管理主要涉及哪些方面？

_____

_____

制订计划

根据所收集的资料，制订乘务组作业安全管理与人身安全管理工作计划，计划内容包括作业流程、风险分析、安全卡控措施和需要用到的工具或设备清单（表格可另附页），完成表 5-2。

乘务组作业安全管理与人身安全管理工作计划　　　表 5-2

步骤	作业流程	风险分析	安全卡控措施	工具清单
1				
2				
3				
4				
5				

任务实施

根据学习情境描述，结合动车组乘务人员组成、工作责任划分、实训场地和设备，编制实训演练关键程序和关键对话脚本（可另附页），根据实训演练脚本，操作相关实训室设备，开展乘务作业安全与人身安全管理模拟演练。

评价反馈

日期：　　年　　月　　日

实训项目名称：							
成员：					成绩		
序号	评价项目	评分标准	满分	评价			综合得分
				自评	互评	师评	
1	仪容仪表	按规定着装,仪容整洁,符合规范要求,精神状态饱满	10				
2	作业准备	精神状态符合规范要求,按规定准备工具和备品	10				
3	作业用语	及时、准确、清晰,用语规范	10				
4	应急处置	操作规范、动作准确,符合规范	20				
5	作业流程	处置要点齐全,流程合理	20				
6	作业安全	严格执行安全卡控,无安全事故发生	20				
7	职业素养	体现安全生产、组织纪律、敬业精神等	10				

相关知识

安全是铁路的生命线,也是一切工作的基础。要牢固树立安全发展理念,弘扬生命至上、安全第一的思想,始终坚守政治红线和职业底线,坚持超前预防、源头治理,深化强基达标、提质增效,扎实推进标准化、规范化建设,持续完善安全风险管控和隐患排查治理双重预防机制,健全人防、物防、技防"三位一体"安全保障体系,不断强化安全生产基础,努力提升安全管理水平,确保旅客列车安全万无一失,实现铁路运输安全持续稳定。

一、作业安全管理规定

（1）职工在接班前,必须充分休息,保持精力充沛。严禁在接班前或工作中饮酒。

①职工工作中严禁脱岗、串岗、私自替班或换班。对视听不良、行动不便的人员,严禁单人作业和使用重点工、机具及担任防护员等工作。禁止穿凉鞋、高跟鞋和带钉子的鞋上岗作业,未穿戴劳动防护服装和携带人身安全防护用品的不准上岗作业。

②新上岗、转岗、调岗和提改职人员必须进行单位、车间、班组三级安全教育培训,并经逐级考试鉴定合格后,方准上岗。学徒工、实习人员参加作业前,必须签订师徒合同,严格落实人身安全互控措施,严禁师徒分离,否则不得单独顶岗活动。

（2）接班点名时,开展劳动安全预想预防活动。

（3）职工沿线路行走时,严禁走道心、轨枕木头和侵入限界。横越线路时,不准脚踏钢轨面、道岔连接杆、尖轨、可动心辙岔等处所。遇到特殊情况必须在线路上行走时,应设专人防护。

(4)职工通过线路时,应走天桥、地道、平交道。通过平交道时,应"一停、二看、三通过",注意左右来往机车车辆动态及脚下障碍物。

(5)职工在线路股道中作业时,应随时注意线路列车通过情况。需穿越停有机车车辆的线路时,必须先确认机车车辆是否移动,然后在距机车车辆10m外通过,并要注意脚下有无障碍物及邻线机车车辆动态。严禁在运行的机车车辆前面抢越线路和平交道。

(6)职工严禁钻爬车底,跨越车钩。严禁扒乘机车车辆和行包、邮政拖车(行包装卸人员按规定执行),以车代步。

(7)从业人员上线作业时必须精力集中、严守两纪,认真执行安全检查确认制度和呼唤应答制度,不准打闹、玩笑、阅读书报、接打手机和做与本岗工作无关的事情。

(8)职工进行线路作业时,应从站台两端(或中部)平交道进入线路,不得从站台上直接跨入线路。

(9)车站线路保洁人员在线路中作业时,应按规定落实专人防护措施,未落实防护措施不得作业。防护人员必须经培训合格方可担任。

二、人身安全管理规定

1. 防止机车车辆人身伤害安全措施

(1)横越线路时,必须执行"一停、二看、三通过"的制度,并注意机车车辆动态及脚下有无障碍物等。严禁钻车、跳车和抢越线路,遇天气不良时,更应注意来往的机车车辆。客运列车乘务人员出乘、到达,遇横越线路时,必须设安全防护人员。

(2)横越有机车车辆停留的线路时,必须先确认机车车辆暂不移动,然后在距该机车车辆10m以外绕行。穿越车辆空当时,首先确认车辆暂无移动后,再从两车组之间空当处迅速穿越,穿越两车组间空当的间距不得小于10m,并要注意脚下有无障碍物及邻线机车车辆动态。严禁在运行中的机车、车辆前面抢越线路。

(3)沿线路行走时,严禁走道心、轨枕木头和侵入限界。横越线路时不准脚踏钢轨面、道岔连接杆、尖轨、可动心辙岔等处所。严禁扒乘机车车辆和以车代步。遇到特殊情况必须在线路上行走时,应设专人防护。

(4)严禁在钢轨上、轨枕头、车底下、道心、车端部和站台边站立、坐卧、避风、避雨、避雪或乘凉。

2. 出入站(库)安全措施

(1)遇必须横越列车车辆时,严禁钻车,应先确认列车车辆暂不移动,应从车门处、通过台或由车钩上越过,要抓紧蹬稳,不要踢开提钩杆或踢闭折角塞门,并注意邻线有无机车车辆运行。

(2)穿越车辆空当时,首先确认车辆暂无移动后,再从两车组之间空当处迅速穿越,穿越两车组间空当的间距不得小于10m,并要注意脚下有无障碍物及邻线机车车辆动态。严禁在运行中的机车车辆前面抢越线路。

(3)在库内、折返站,看车人员不得坐在钢轨上乘凉,不准擅自离岗。要坚守岗位,及时巡视车厢,防止闲杂人员上车。

(4)列车乘务员集体通过道口前,必须在指定地点列队集合,列车长亲自点名,确认人员到齐后,指定专人进行防护,确认无通过列车和调车作业后,方可迅速通过道口,防止发生意外。

(5)乘务员冬季赴站、返段时必须一班同行,走固定的走行路线。要注意站台或道路上的冰雪及脚下的障碍物,以防滑倒。不要在运行的两列车中间行走,任何人都不得在车下或车辆空当处避风雪。

3. 运行中的人身安全

(1)出退乘行走时,需一班同行,列纵队走规定走行路线。上下楼梯在右侧行走,留出通道,紧握扶手,稳步慢行。乘降电梯时确认梯面位置,看准踏上,列纵队顺序靠右站立,左手提箱,右手扶牢,下梯前相互提示,注意脚下安全。站台行走时,走行在安全线以内,稳步前行,严禁跑动。

(2)列车乘务员上、下车到站开门时,要紧握扶手,不飞乘飞降。列车到站开门,防止被下车旅客挤下摔伤。

(3)搬运备品时,拿取重量不超出个人负荷、体积不挡住视线的物品,严禁拿取超重超大的物品,避免造成人身伤害。物品过重时,必须两人以上共同搬运。手中持有物品时,注意看清前方地面上的障碍物,避免绊倒摔伤。

(4)遇有特殊情况,当列车已启动,乘务员来不及上车时,严禁强行抓车或使用紧急制动阀停车。应改乘其他列车追赶本列车,防止发生意外。

(5)列车乘务员冬季按规定着装要整齐:扣紧纽扣、紧衬利落;不准穿高跟鞋、带钉子鞋及塑料底鞋;棉帽要挖耳孔,小帽耳要吊起,手套要分五指。

案例分析

一、G××次列车联控确认不到位

1. 事件概况

20××年×月×日,G××次列车在××站上水、吸污作业时,列车长未用车机联控对讲机与车站确认上水、吸污作业情况,只是口头确认上水、吸污作业完毕便联控司机关闭车门,引发不良反应。

2. 事件分析

违反了《关于加强动车组途中上水、吸污安全卡控的通知》(运营客管电〔2014〕82号)中"动车组途中上水、吸污时,车站客运人员要确认上水、吸污等作业完毕后,将对讲机转至行车频道通知动车组列车长,动车组列车长须得到车站客运人员的确认后,方可按要求报告司机关闭车门"的规定。

3. 事件教训

(1)加强业务学习。必须吃透文件精神,不能用臆测、可能、估计等替代对规章制度的理解。

(2)严格执行规章制度。动车组发车的条件:一是出站信号开放,二是车站客运作业完毕并通知到车长,三是车站按点响铃。以上三个发车条件缺一不可。

二、小车安全管理不到位

1. 事件概况

20××年12月20日，××客运段担当的G××次列车，终到××站时，撞上掉入股道的餐料小车停车。构成铁路交通一般C类事故。

2. 事件分析

××服务有限公司工作人员送餐料过程中，对餐料小车失管失控，人员离开未对餐料小车进行制动，造成小车滑落站台掉入股道。××客运段对委外送餐料小车管理不到位。

3. 事件教训

加强售货车等人力机具管理，确保设备质量良好、制动装置正常，严禁人车分离，按车站指定位置有序使用乘降。

学习情境5.2 消防安全管理

学习情境描述

2024年1月1日，××客运段担当的G123次列车上，安全检查人员对旅客携带品进行开包检查，发现2号车厢一名旅客携带的行李中夹有鞭炮1500响❶，该旅客为鞭炮厂工人张三，乘车区间为A站到B站，如果你作为本次列车的列车长应如何处理？

学习目标

知识目标

1. 掌握动车组消防工作职责和工作制度。
2. 掌握动车组消防设备使用和管理方法。
3. 掌握动车组禁烟管理规定。

技能目标

1. 能熟练使用动车组消防设备。
2. 能熟练执行动车组防火作业程序。

素质目标

1. 提高安全防范意识和应急能力，具备安全无小事的安全生产意识。
2. 具备良好的服务意识和高度的工作责任心。

任务分组

请同学们自行组队并分配角色，填写表5-3，共同完成高速铁路动车乘务组消防安全管理作业，可邀请其他小组同学充当旅客角色。

学生任务分配表 表5-3

任务名称：高速铁路动车乘务组消防安全管理　　指导老师：

班级		日期	
班组		组长	
班组成员		任务分工	
姓名	任务角色		

---

❶ 列举案例为小概率事件。

获取信息

引导问题 1：引起高速铁路动车火灾的原因可能有哪些？

引导问题 2：消防安全中的"三懂三会"具体指什么？

引导问题 3：消防设备的"两知一会"具体指什么？

引导问题 4：高速铁路动车列车长岗位防火职责有哪些？

引导问题 5：高速铁路动车列车员岗位防火职责有哪些？

引导问题 6：干粉灭火器的适用范围和使用方法是什么？

引导问题 7：水型灭火器的适用范围和使用方法是什么？

引导问题 8：什么类型的火灾不能用水灭？

引导问题 9：在动车组列车上吸烟认定为失信行为，工作人员对旅客行为录入客运管理信息系统——征信管理系统，自公示期满无有效异议之日起_____天内限制其购买车票。

引导问题 10：列车长防火工作作业程序是什么？

引导问题11:列车员防火工作作业程序是什么?

引导问题12:餐饮服务员、保洁员防火工作作业程序是什么?

制订计划

根据所收集的资料,制订高速铁路动车乘务组消防安全管理工作计划,计划内容包括作业流程、风险分析、安全卡控措施和需要用到的工具或设备清单(表格可另附页),完成表5-4。

高速铁路动车乘务组消防安全管理工作计划　　　　表5-4

步骤	作业流程	风险分析	安全卡控措施	工具清单
1				
2				
3				
4				
5				

任务实施

根据学习情境描述,结合动车组乘务人员组成、工作责任划分,实训场地和设备,编制实训演练关键程序和关键对话脚本(可另附页),根据实训演练脚本,操作相关实训室设备,开展高速铁路动车组列车消防安全管理模拟演练。

评价反馈

日期:　　年　　月　　日

实训项目名称:

序号	评价项目	评分标准	满分	评价 自评	评价 互评	评价 师评	综合得分
	成员:			成绩			
1	仪容仪表	按规定着装,仪容整洁,符合规范要求,精神状态饱满	10				
2	作业准备	精神状态符合规范要求,按规定准备工具和备品	10				
3	作业用语	及时、准确、清晰,用语规范	20				
4	处置流程	处置方法正确及时	30				
5	作业安全	严格执行安全卡控,无安全事故发生	20				
6	职业素养	体现安全生产、组织纪律、敬业精神等	10				

相关知识

火灾是在时间上和空间上失去控制的燃烧所造成的灾害。动车组消防工作在列车长的统一领导下实行岗位防火责任制。对担当动车组乘务的工作人员进行消防安全培训,熟悉新技术和新设备的性能,掌握各岗位防火职责和消防知识技能,经考试取得合格证后方可上岗。

一、动车组列车消防安全概述

(一)动车组列车火灾原因

(1)电气设备损坏、老化、绝缘不良、违章用电;
(2)违规吸烟或乱扔火种;
(3)旅客携带品内夹带易燃、易爆危险品。

(二)消防知识标准要求

消防安全管理贯彻"预防为主、消防结合"的方针,坚持"铁路局集团公司统一领导、业务部门加强管理、专门机关依法监督"的原则,实行岗位防火责任制和标准化管理。部门组织认真学习消防知识,人人达到消防安全"三懂三会",消防设备"两知一会"(知位置、知性能、会使用)。

1. 三懂

"三懂"是懂火灾的危险性、懂火灾预防措施、懂扑灭初起火灾的方法。

(1)懂火灾的危险性。火一旦失去了控制,超出有效的范围,就会烧掉人类经过辛勤劳动创造的物质财富,甚至夺去许多人的生命和健康,造成难以挽回和弥补的损失。

(2)懂火灾预防措施。控制可燃物、控制着火源等。

(3)懂扑灭初起火灾的方法。冷却法、窒息法、隔离法、抑制法。

2. 三会

"三会"是会报警、会使用消防器材、会扑救初起火灾。

(1)会报警。当发现火灾时要迅速拨打119火警电话,报警时要清晰说明失火地点、性质、火势大小、进入火点道路等情况。

(2)会使用消防器材。要学会使用灭火器、消火栓、缓降器、防烟面罩等消防设施。

(3)会扑救初起火灾。

二、动车组消防工作职责

(1)动车组应建立由列车长担任组长,动车组司机、随车机械师、乘警、客运乘务员、随车服务餐饮和保洁人员参加的消防安全小组,履行下列职责:

①认真贯彻执行上级有关消防工作的规定和工作部署,定期召开消防安全小组会议,组织安排和总结分析消防工作。

②组织乘务人员认真学习消防知识,人人达到"三懂三会",熟记岗位防火职责和火灾事故应急处置基本要求,做到严格考核。

③督促乘务人员落实岗位防火责任制。

④做好对旅客的防火安全宣传教育工作,落实易燃易爆危险物品查堵措施。

⑤发生火灾时,启动火灾事故应急预案,疏散旅客,扑救火灾,报告火灾情况。

⑥建立消防安全台账。

(2)列车长岗位防火职责。

①全面负责动车组消防安全管理工作,贯彻上级有关消防工作部署,接受上级的消防安全检查。

②检查督促乘务人员落实岗位防火责任制。

③主持召开消防安全小组会议,总结分析、安排布置消防工作。

④组织乘务人员学习消防知识,提高防火灭火技能。

⑤按规定在列车运行中进行防火巡查,发现和消除火灾隐患,制止违反消防管理行为,并做好巡查记录。

⑥组织乘务人员向旅客宣传防火、防爆安全知识,做好易燃易爆危险物品查堵工作。

⑦列车运行中发生火灾时,启动火灾事故应急预案,组织指挥乘务员疏散旅客,扑灭火灾;及时向列车调度员及有关部门报告,协助公安、安监部门查明起火原因,组织恢复列车运行。

⑧按规定填写消防安全台账。

⑨参加联检交接。

(3)列车员岗位防火职责。

①严格遵守动车组消防安全规章制度,服从命令,听从指挥,坚守岗位,落实防火措施。

②认真巡视车厢,及时制止旅客吸烟。

③加强运行中对电气设备、火灾自动报警显示屏的监视,严格执行操作规程,发现报警及故障时,及时向列车长或随车机械师报告。

④学习消防知识,达到"三懂三会",熟练掌握火灾应急处置预案。

⑤做好查堵易燃易爆危险物品工作,发现易燃易爆危险物品及时报告列车长妥善处理。

⑥发生火灾时,按火灾事故应急预案立即通知列车长和司机,及时疏散旅客,扑救初起火灾,维护秩序,保护旅客安全。

三、动车组消防安全制度

(1)严格执行联检制度。动车组出库联检时,由运用所质检员组织联检,应对电气设备、消防设施等设备及各部位的消防安全状况进行全面检查,确认状态良好,按规定办理交接。终到后,随车机械师按规定办理交接。动车组运行中乘务人员应严格进行标准化作业,认真执行岗位防火责任制。

(2)车厢内设置禁止吸烟标志。

(3)应通过图形标志、电子显示、广播宣传等方式,向旅客进行禁止吸烟、严禁携带易燃易爆危险物品、逃生知识、灭火器使用方法、紧急破窗锤使用方法等消防安全宣传。

(4)车辆部门应制定动车组消防设备、电气装置的操作规程。

(5)客运、车辆、机务、公安等部门对担当动车组乘务的工作人员进行消防安全培训,熟悉消防新技术的特点和消防新设备的性能,掌握各岗位防火职责和消防知识技能,经考试取得合格证后方可上岗。

(6)配电柜的箱体未破损,锁闭状态良好,保持清洁无杂物。各元件安装牢固、接线及插销未松动,按钮开关、指示灯作用良好。

(7)餐车配备的冰箱、电烤箱、微波炉、电磁炉等电器及各车厢的电茶炉插座、插头安装牢固,保持清洁,周围不得放置杂物。餐饮炉具使用时,操作人员不得离岗,做到人离断电。

(8)火灾自动报警系统保持状态良好,并按规定进行定期检测。

(9)乘务人员应严格遵守电气设备、消防设备操作规程,加强巡检,发现故障及时处置。

(10)各车厢应配备手提式干粉灭火器和水型灭火器各2套,应放置在车厢两端适当位置,安装牢固,便于取用。驾驶室配备二氧化碳或干粉灭火器1套,固定放置在便于取用的位置。

四、动车组消防设施设备

列车始发整备期间,列车乘务组在列车长领导下,对全列车厢所有消防器材数量、状态、存放位置进行检查确认,确保消防器材铅封良好、压力正常。

(一)消防设施设备配置

动车组列车消防安全知识

动车组须按规定配置灭火器,定期检查并确保状态良好。烟火报警系统应保持状态良好,按规定进行定期检测。

(1)各车厢应配备手提式2kg磷酸铵盐干粉灭火器和2L水型灭火器各2具,应设置在车厢两端适当位置,安装牢固,便于取用。驾驶室配备5kg二氧化碳或5kg磷酸铵盐干粉灭火器1具,固定设置在便于取用的位置。图5-1为干粉灭火器和水型灭火器。

(2)灭火应由专业维修企业,定期按照国家有关规定进行检查维修,张贴维修标志,并在灭火器筒体上涂抹到期时间(××××年××月到期)。干粉、二氧化碳灭火器维修期限为1年,水型灭火器维修期限为3年。

(3)加强灭火器日常维护保养和管理,保证其处于良好状态。灭火器应保持清洁,严禁搭挂物品,严禁挪作他用。

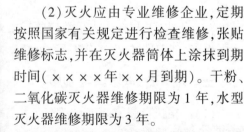

图5-1 干粉灭火器和水型灭火器

(二)灭火器适用范围和使用方法

1. 干粉灭火器

干粉灭火器由于充装干粉灭火剂不同,适用场所也不同。碳酸氢钠和碳酸氢钾干粉灭火器适用于扑救易燃液体、可燃气体的初起火灾。磷酸铵盐干粉灭火器除可扑救上述物质的初起火灾外,还可扑救固体物质的初起火灾。总之,干粉灭火器适用于扑救石油、石油产品、油漆、有机溶剂和电气设备等火灾。

使用干粉灭火器时,取下灭火器,拔掉保险销,将喷嘴对准火源根部(带软管的灭火器,要紧握软管喷嘴)压下压把,快速推进,直至将火扑灭,如图5-2所示。

使用客车上的灭火器扑救初起火灾时,距起火物不应超过2.5m,因为车上配置的灭火器一般有效喷射距离为2~3m,如果距离太远则达不到有效射程,起不到灭火作用。

2. 水型灭火器

手提式水型灭火器可扑灭A类(可燃固体)、B类(可燃液体)、C类(可燃气体)及一般电气火灾。该灭火器具有抗3.6万V电压的特点,是现阶段比较适合铁路电气化区段的新型灭火器。其使用方法与干粉灭火器相同,如图5-3所示。扑灭电气火灾时,灭火距离不小于1m。灭火后处理现场时,必须切断电源。

图5-2 干粉灭火器及使用方法　　图5-3 水型灭火器及使用方法

3. 发生以下火灾不能用水灭

(1)汽油、煤油等易燃液体着火时不能用水灭,因这些物质的密度比水小,又不溶于水。

(2)发生电气火灾不能用水灭,因为水有导电性,用水灭火会触电伤人。

(3)遇水燃烧的物质(如金属钾、钠和电石)发生火灾时不能用水灭,因为这些物质遇水分解会产生可燃气体,从而加剧燃烧。

(4)精密仪器、贵重文件起火不能用水灭,因为水会损坏这些物品。

五、动车组禁烟管理

动车组列车内严禁吸烟或动用明火取暖、照明。对动车组列车吸烟行为,必须发现一起严肃处理一起。动车组全列各处所禁止吸烟,要加强动车组列车禁烟宣传,列车上任何作业人员发现有吸烟行为,均应当即制止并迅速报告列车长和乘警到场依法处置,坚决杜绝动车组列车吸烟行为。

在动车组列车上吸烟认定为失信行为,工作人员将旅客行为录入客运管理信息系

动车组吸烟安全管理

统——征信管理系统,自公示期满无有效异议之日起 180 天内限制其购买车票。

列车现场采集严重失信行为的证据包括:失信人本人书面证明或音视频记录或两名以上旅客证人证言。

(1)列车工作人员应使用客运记录详细记录失信人的姓名、有效身份证件类型及号码、住址、联系方式、乘车日期、车次、区间、失信行为、处理情况等信息,并由站车工作人员和失信人本人签字。失信人拒绝签字时应当注明。失信人身份信息记录要做到记载完整、字迹清楚。

(2)列车工作人员应采用音视频记录仪、视频监控系统记录处置全过程。不具备音视频记录条件时应收集两名以上旅客的证人证言。

(3)列车工作人员在处置时,应通过口头或书面方式明确告知旅客处置依据和纳入铁路旅客信用信息管理,采取限制购票措施。

(4)告知模板:

×××旅客,您的××××行为违反了国家发改委等八部门《关于在一定期限内适当限制特定严重失信人乘坐火车 推动社会信用体系建设的意见》规定,我们将记录您的身份信息,在一定期限内限制购票,并按规定向国家、地方政府相关部门和有关征信机构提供铁路旅客信用信息。为避免对个人信用造成影响,请您自觉遵守国家法律规定和铁路有关规定,自觉维护铁路旅客运输秩序。谢谢配合。

六、动车组防火工作作业程序

(一)列车长一次出乘运行中防火工作作业程序

(1)做好始发出库前的安全联检。会同随车机械师、乘警从动车组尾部巡视至头部,重点检查灭火器材、安全锤、饮水机、照明、空调等设备情况是否良好,并做好检查记录。

(2)始发巡视。列车始发后,列车长从列车尾部开始巡视车厢,检查旅客物品摆放保持通道畅通,确认饮水机已加水和餐饮电器等电气设备状态,对违章吸烟旅客进行制止和劝阻。

(3)途中巡视。在单程途中对车厢进行安全巡视不少于两次,在进行到站交接、查验车票等工作的同时,要注意督促乘务员巡视车厢防火工作情况和饮水机、电源插座使用情况,杜绝饮水机无水使用或其他违章用电情况的发生。

(4)终到联检。全体旅客下车后,从列车尾部开始,检查灭火器材、安全锤、空调等设备情况是否良好,并做好检查记录。

(二)本务司机一次出乘运行中防火工作作业程序

(1)动车组司机在进行出乘前的交接时,要对动车组驾驶室进行全面的防火检查,检查情况记录在司机手册上。

(2)确认驾驶室灭火报警装置及消防器材使用良好、有效。

(3)驾驶室内严禁吸烟,严禁无关人员擅自进入,严禁摆放与工作无关的任何物品。

(4)在运行过程中的正常情况下,非操纵端各操纵开关、手柄、驾驶室门和窗均应置于断开位或锁闭,防止外部火源进入车内。

(5)在运行途中司机要认真执行动车组防火有关规定和司机岗位防火职责,随时注意驾驶室内设备运行状态,发现异味要立即检查和判断,发现火情应立即通知列车长启动火灾应急预案,以便迅速处置和扑救。

(6)在退乘前要对驾驶室进行防火安全检查,检查情况与动车组运用所地勤司机办理交接。

(三)随车机械师一次出乘运行中防火工作作业程序

(1)动车组出库前,在列车长组织下与乘警按各自职责分工开展联检,从动车组尾部巡视至头部,对设备技术状态、消防设施情况进行检查确认。

(2)发车后,在车内进行一次巡视检查,重点检查列车运行动态和车内主要服务设施技术状态、各配电柜门锁闭及消防设备状态。

(3)运行中,在乘务室,通过车载信息系统监视列车运行及设备工作情况,及时填写运行记录,发现故障及收到报警时,按规定程序处理,并做好记录。

(4)客运服务人员报告设备故障时,及时赶赴现场处理,并做好故障记录。

(5)全体旅客下车后,从动车组非主控驾驶室巡视至主控驾驶室,检查车内设备技术状态、消防设备情况,发现故障进行处理并做好记录。

(6)入库联检。列车终到后,入库联检,从动车组尾部巡视至头部,对设备技术状态、消防设施情况进行检查、确认。

(四)乘务员一次出乘运行中防火工作作业程序

(1)始发前检查。巡视车厢,检查车厢内灭火器材、安全锤、饮水机、照明、空调等设备情况是否良好。

(2)始发后巡视。列车始发后巡视车厢,做好禁烟宣传,检查旅客物品摆放情况,保持通道畅通。

(3)途中巡视。随时掌握电气设备、火灾自动报警显示屏和车内防火工作动态,杜绝违章用电、吸烟和饮水机无水通电。发现防火问题和设备故障及时向列车长报告。

(4)列车终到前30min,巡视车厢,做好宣传工作,防止旅客遗留火种。

(5)终到巡视。旅客下车后,巡视车厢,发现问题及时向列车长汇报。

(五)乘警一次出乘运行中防火工作作业程序

(1)始发前参加出库联检,会同列车长、随车机械师进行始发前联检,确保用电设备、设施及消防设备性能良好。

(2)始发后,从列车尾部至头部开展安全巡视、做好宣传防范。

(3)各停靠站到站前15min,乘警应在车厢内巡视检查,重点检查防火不安全因素,及时制止违章吸烟。

(4)列车停车时,乘警应反复巡视,检查车窗情况,注意阴暗部位的防控,组织人员对全车进行一次清查。

(5)列车终到前30min,乘警应在车厢不间断巡视,注意旅客动态和行李物品情况。同时,利用列车广播提醒旅客注意客车防火,杜绝遗留火种。

(6)列车终到下客之后,乘警从列车尾部至头部开展安全检查,发现问题及时处置,并做好记录。

(六)随车餐饮服务员、保洁员一次出乘运行中防火工作作业程序

(1)始发前,对餐车配备的冰箱、电烤箱、微波炉、电磁炉等电器进行全面检查,检查插座、插头是否安装牢固,确认性能良好,并向列车长报告。

(2)列车运行途中,用电设备保持清洁,周围不得放置杂物,不得使用湿布擦拭用电设备。

(3)餐饮炉具使用时,操作人员必须随时注意观察炉具的工作状态,遇有电器故障应立即通知随车机械师进行处置,并及时向列车长报告。

(4)用电设备使用过程中,操作人员不得离岗,做到人离断电。

(5)终到后,按操作规程对餐饮炉具进行断电处置,确认安全无误,并向列车长报告。

案例分析

G××次列车醉酒吸烟旅客

1. 事件概况

20××年×月×日,G××次列车A站到站前,21:15列车安全员巡视车厢至4号车,在4车蹲式卫生间门口闻到烟味,立即敲开卫生间门,看见一名男性旅客吴某嘴上叼着一支点燃的香烟。列车安全员随即要求将香烟熄灭,并通过对讲机向列车长报告。21:18安全员将吸烟旅客带至5号车厢交列车长。列车长询问该旅客身份信息,进行安全教育,该名旅客承认自己在车上有吸烟行为,对话中能够从旅客口中及身上闻到一股酒精味,判断该旅客上车前已饮酒。当时列车长未接到司机、随车机械师通报有烟雾报警,未影响行车。

因列车即将到达A站,列车长正常进行到站乘降组织、车机联控。A站开车后,列车长找到醉酒吸烟旅客继续进行后续信息登记及旁证材料收集,该旅客此时拒不承认有吸烟行为,语言蛮横,随后在4车10F就座,对工作人员不予理会。列车长当即收集4车16C座旅客及站在4车二位端无座旅客旁证材料,共计2份(2名旁证材料旅客均为铁路职工)。列车长计划在B站将吸烟旅客交站处理。

22:19醉酒吸烟旅客与旁证旅客廖某在4号车厢二位端等候下车时,突然发生口角,并发生肢体冲突,造成旅客吴某受伤,嘴部出血量较大。此时列车长正在4号车二位门立岗,听到争吵声后立即上前制止。

22:21列车到站,列车长寻找车站值班员期间,2名旁证旅客已自行离开。列车长口头与B站办理醉酒吸烟旅客交接,B站通知车站派出所将该名吸烟旅客带走,列车长随同一起到派出所说明情况。

2. 事件处理

(1)安全员巡视车厢,及时发现旅客吸烟行为并立即制止。

(2)列车长对旅客通报吸烟危害及处置规定。

(3)手机旁证材料,并在B站将吸烟旅客交B站派出所。

3. 存在问题

（1）安全员巡检发现吸烟旅客交由列车长处置,列车长处置时未第一时间使用视频仪记录,造成旅客承认吸烟行为的过程没有证明。❶

（2）A 站开车后,列车长再次问询吸烟旅客具体情况,旅客反口否认吸烟行为,此时列车长还是未打开视频仪记录。

（3）列车长收集 2 份旁证旅客材料,均为铁路职工,且拒绝出示证件。造成 2 人只有名字、无单位,1 人提供电话,没有起到任何旁证作用。

（4）因列车长没有旅客吸烟的证明材料和直接实质性的证据,列车也未出现烟雾报警影响行车,随后打算到站与车站口头交接旅客的醉酒状态,没有提前向车站派出所或车站报警。造成到达 B 站时,无车站客运人员或车站站警接车处置。

（5）全程列车长只拍摄了 1 段视频,旅客否认有吸烟行为以后,列车长劝导旅客不要吵闹,返回座位时的片段。

（6）列车长没有留下 2 名旁证旅客交站。造成当事人自行离开车站,无法追责。

（7）列车长在没有经过段上同意的情况下,擅自将视频仪交由车站公安调取内容查看。列车长配置的视频仪,属于单位配发专用备品,列车长只有使用权利,任何调取视频内容的行为,必须经过段上同意。

（8）安全员在巡视中能够第一时间发现旅客吸烟行为,可给予表扬。但通过视频,旅客否认吸烟行为时,安全员未主动上前对质,引导旅客遵守列车安全管理规定。

---

❶ 列车上的摄像头存在死角。

项目 6

高速铁路动车突发事件应急处理

奋进力量

列车上演"人民至上,生命至上"救治全过程

"列车长,前面车厢有人晕倒了……"

2024年1月16日16:20左右,正在车厢内作业的G6001次列车长周耀突然遇到几位旅客急忙赶来求助,称8号车厢有一位女士晕倒了,要他马上赶过去一下。

不敢有丝毫怠慢,周耀立即随着旅客指引来到8号车厢,看到一个年纪较大的女性旅客晕倒在地上。周耀第一时间利用广播寻找医生前来帮忙救助,之后来到该女士身旁,询问周围旅客情况,并检查她的呼吸和脉搏情况;当时,该旅客似已陷入昏迷状态,始终没有应答。

不久,一名郭姓热心女医生闻讯赶来。对旅客进行检查后,医生发现该女士脉搏很弱,神志不清,呼之不应。此时,细心的周耀发现莫女士口中好像含着东西,他们在医生的协助下,用镊子将口中异物取出,原来是一块没有吃完的蜜枣。在大家伙的精心护理下,约5min过后,旅客终于苏醒过来,能够进行简单的对答,手脚也能稍微活动。老人自述今年60岁,她儿子在深圳,此行独自一人去深圳,没想到上车后身体会突然发病,人事不省。

见老人情况仍然很危急,周耀当机立断,必须马上送去医院治疗。而G6001次从长沙南站开出后下一站是广州南站,中间还有一个多小时的车程。为了争取救治时间,周耀连忙向上级客运调度部门请示,请求让列车在前方英德西站临时停车,以便送莫女士前往医院就医。广州局集团公司调度部门很快就帮该次列车安排好了临时停靠事宜,英德西站也得到通知并已经联系好当地救护车前来接人。"人民至上,生命至上"服务理念在此刻铁路各部门的协作下得到了最好的诠释。

16:57,G6001次临时停靠在了英德西站。车门打开后,列车工作人员、当地120救护车的医护人员、热心旅客纷纷到此,大家合力同心,帮着将躺在地上的莫女士一起抬出到车外站台上的担架上,在短短几分钟之内顺利将她移送到120救护人员手中。

当晚22:00,列车长周耀致电给莫女士儿子了解情况。她儿子告诉周耀,自己的母亲经过治疗后身体已经好转。他代表一家人对列车工作人员表示了衷心感谢。

来源:改编自中国交通网《列车上演"人民至上,生命至上"救治全过程》

请同学们思考一下,一旦列车上发生突发应急事件,作为乘务人员应如何保证旅客安全?

学习情境6.1 高速铁路动车空调失效应急处置

学习情境描述

2023年8月15日,你所在的乘务组值乘的北京朝阳—哈尔滨西的G931次旅客列车在喀左站开车后,随车机械师确认全列空调系统发生故障停止运转且无法及时修复,此时列车能够正常运行,车内温度已经升至30℃,车内旅客共计450人,需要在沈阳北站进行中转换乘的旅客有50人,乘务组应如何进行应急处置?

学习目标

知识目标

1.掌握高速铁路动车突发应急处置的基本知识。
2.掌握高速铁路动车突发应急处置时的岗位职责和处置流程。

技能目标

1.能处置高速铁路动车单节车厢空调故障。
2.能处置高速铁路动车全列空调故障。

素质目标

1.提高安全防范意识和应急能力,具备安全无小事的安全生产意识。
2.具备良好的服务意识和高度的工作责任心。

任务分组

请同学们自行组队并分配角色,填写表6-1,共同完成高速铁路动车空调失效应急处置作业,可邀请其他小组同学充当旅客角色。

学生任务分配表　　　　　　　　　　　　　　表6-1

任务名称:高速铁路动车空调失效应急处置　　　　指导老师:

班级		日期	
班组		组长	
班组成员		任务分工	
姓名	任务角色		

获取信息

引导问题1：高速铁路动车客运突发事件可分为哪几类？

引导问题2：高速铁路动车客运突发事件具有哪些特点？

引导问题3：高速铁路动车客运突发事件应急处置原则是什么？

引导问题4：高速铁路动车空调失效可能导致哪些不良后果？举例说明。

引导问题5：高速铁路动车发生空调故障时，列车长应立即通知_____进行修复，并了解空调故障的具体情况；不能修复时，向_____、_____、_____汇报。

引导问题6：简述高速铁路动车发生空调故障后，应如何做好旅客的安抚工作。

引导问题7：空调故障发生后，什么情况下高速铁路动车需要挂防护网？防护网应该安装在哪一侧的车门处？

引导问题8：简述高速铁路动车防护网的安装过程。

引导问题9：简述高速铁路动车防护网安装完毕后，列车工作人员值守车门时的注意事项。

引导问题10：高速铁路动车全列空调失效超过20min不能恢复但列车能正常运行时，简述处置流程。

引导问题 11:高速铁路动车空调失效需挂网运行时,列车应限速多少运行?

引导问题 12:高速铁路动车空调失效处置导致列车晚点时,请拟定广播致歉词。如何安排后续有中转需求的旅客?

制订计划

根据所收集的资料,制订高速铁路动车空调失效应急处置工作计划,计划内容包括高速铁路动车乘务组出乘作业流程、风险分析、安全卡控措施和需要用到的工具或设备清单(表格可另附页),完成表6-2。

高速铁路动车空调失效应急处置工作计划　　　　表6-2

步骤	作业流程	风险分析	安全卡控措施	工具清单
1				
2				
3				
4				
5				

任务实施

根据学习情境描述,结合动车组乘务人员组成、工作责任划分、实训场地和设备,编制实训演练关键程序和关键对话脚本(可另附页),根据实训演练脚本,操作相关实训室设备,开展高速铁路动车空调失效应急处置模拟演练。

动车组列车空调失效处置演练程序

评价反馈

日期:　　年　　月　　日

实训项目名称:

成员:　　　　　　　　　　　　　　　　　　成绩

| 序号 | 评价项目 | 评分标准 | 满分 | 评价 | | | 综合得分 |
				自评	互评	师评	
1	仪容仪表	按规定着装,仪容整洁,符合规范要求,精神状态饱满	10				
2	作业准备	精神状态符合规范要求,按规定准备工具和备品	10				
3	作业用语	及时、准确、清晰,用语规范	10				

续上表

序号	评价项目	评分标准	满分	评价 自评	评价 互评	评价 师评	综合得分
4	应急处置	操作规范、动作准确、符合规范	20				
5	作业流程	处置要点齐全，流程合理	20				
6	作业安全	严格执行安全卡控，无安全事故发生	20				
7	职业素养	体现安全生产、组织纪律、敬业精神等	10				

相关知识

突发事件是指突然发生的，造成或者可能造成人员伤亡、财产损失、环境破坏和重大社会影响的、危及安全的事件。突发事件应急处置是非正常情况下高速铁路动车客运服务的核心内容，应急处置及救援能力和应急服务水平直接影响旅客的服务体验和对服务质量的评价，乃至旅客身心健康安全，甚至社会稳定、国家公共安全等。

铁路运输系统是一个庞大和复杂的系统，高速铁路动车乘务组是保证动车组列车安全、正点、高效运营的直接执行者，是动车组列车运输工作安全风险防控的关键。高速铁路动车组列车是突发事件的第一现场，由于移动、封闭等特点，对应急处置能力和应急服务水平要求更高，动车乘务组必须在最短时间内，正确、有效地进行处置，才能保证运输生产工作的正常进行和旅客的生命财产安全。

一、突发事件应急处置基本知识

高速铁路动车客运突发事件可分为公共卫生事件、社会安全事件、自然灾害、运输生产安全事件等类型，见表6-3。不同突发事件应急服务内容和应急处置措施不同。其中运输生产安全事件是铁路运输企业可控度最高的事件，可以主动实施预防、过程、结果控制，充分发挥企业安全控制主体作用；自然灾害事件则更多地需要提前预警和及时救援。

高速铁路动车客运突发性应急事件类型和典型事件表　　表6-3

类型		典型事件
公共卫生事件	传染性疾病	新型冠状病毒感染、SARS 等
	中毒	食物中毒、职业性中毒等
社会安全事件	恐怖袭击	爆炸、涉枪、杀人、抢劫、暴力恐怖袭击等
	群体性事件	拦截列车、聚众非法集会等
	大客流	突发大客流、列车大面积晚点等
	治安事件	盗窃、打架斗殴等
	计算机安全	网络安全、计算机系统安全等
自然灾害	地质及天气灾害	地震、泥石流等
运输生产安全事件	行车事件	行车事故、铁路火灾事故、设备故障、晚点等
	生产安全	客运作业人员伤亡、经济损失等

(一)突发应急事件的特点

高速铁路动车客运突发事件具有以下特点：

1. 紧迫性

紧迫性体现在事件处置的时效性和事态后果的严重性两方面。高速铁路动车客运突发事件的发展、衍生和蔓延的速度非常快，如果不能提供及时有效的应急处置，很可能会导致重大财产损失和人员伤亡等。

2. 复杂动态性

由于突发事件发生、发展的不确定性，应急需求的动态性和多样性，应急处置措施需要根据事态发展进行实时动态调整，在较短的时间内做出判别与处置，具有一定的处置难度和复杂性。

3. 群体性

高速铁路动车组旅客列车中通常旅客数量众多、人群密集、客流复杂。一旦有突发事件发生，危害的不仅仅是个人，而是一个构成非常复杂的且人数众多的群体，他们在面对突发事件时难免恐慌，很容易造成车内秩序混乱，甚至引起更严重事件的发生。

4. 协同性

高速铁路动车客运突发事件造成的影响是连锁的、多层次的，其应急处置过程中需要各业务部门协同组织，同时也需要社会资源的援助和配合。

5. 社会关注性

高速铁路动车客运服务具有社会属性，社会关注度很高，高速铁路是国家的名片，高速铁路动车客运突发事件应急服务的响应、处置方法渠道、效果等直接影响企业，乃至政府、国家的声誉和形象。

(二)突发事件的应急处置原则

对各类突发事件的应急服务各有特色，但大多遵循的普遍性、规律性原则如下：

(1)"生命至上"原则。挽救生命和保障人们的基本生存条件，应作为突发事件预防应对的首要任务。

(2)"第一时间"原则。事发后应立即采取紧急处置手段，力争在最短时间内平息事件影响。

(3)"协调一致"原则。统一调度各方面应急力量，优化整合各层次、各部门资源，协同应对突发事件。

(4)"分级管理"原则。根据突发事件危害和影响程度的不同，分别由国铁集团、铁路局集团公司或铁路站段组织应对，对于特大突发事件，还应积极动员社会和政府力量的支持。

(5)"合法适度"原则。依法行使突发事件处置权利，审慎适度采取预防应对措施，最大限度地避免或减轻措施本身可能造成的损失或影响。

任何突发事件，都会直接或间接影响旅客利益，甚至威胁旅客的生命财产安全。铁路部门应始终坚持以人民为中心的思想，确保铁路运输和旅客安全作为政治红线和职业底线，建立应急管理体系，保障人民群众生命财产安全。

二、高速铁路动车空调失效岗位职责

为迅速、有效地处置动车组空调设备故障,最大限度地保证列车安全正常运行,维持好车厢内秩序,列车工作人员应明确各岗位责任分工,如表6-4所示。

高速铁路动车空调失效岗位职责　　　　表6-4

岗位	岗位职责
列车长	1. 遇动车组空调故障时,组织各岗位人员按应急处置预案,及时妥善做好现场处理 2. 遇到非正常停车情况,听从动车组司机的指挥,协助做好应急处置工作 3. 必要时,向车队、段值班室、铁路局集团公司客调和所在局集团公司客调汇报信息
列车员	1. 发现空调设备异常,及时上报列车长 2. 听从列车长统一指挥,坚守岗位,加强巡视和宣传,维护好秩序、安抚旅客,制止旅客违章行为 3. 必要时采取安全防护措施,并做好旅客乘降组织
随车机械师	1. 加强车内设施设备安全检查,确保正常运行 2. 及时处理空调故障,迅速查找原因,尽最大能力恢复故障
乘警	1. 协助列车工作人员,维护好车厢秩序 2. 对违反规章旅客,进行劝阻 3. 调查取证,对违法行为进行处罚,并报铁路局集团公司公安处指挥中心
司机	1. 按照有关规定处理,选择维持运行或停车方式 2. 动车组不能继续运行时,司机必须向列车调度员或车站值班员请求救援

三、高速铁路动车空调失效应急处置

高速铁路动车在运行过程中,其空调可能会因装置本身损坏或接触网故障断电,而不能正常工作。由于动车组列车车厢是封闭空间,空调故障会使车厢内空气不流通,出现异味、温度过低或过高等状况,从而引起旅客不满,严重时还可能引发旅客身体不适,甚至导致其他安全事故,影响旅客出行质量。

当高速铁路动车遇到空调失效情况时,按失效程度分为单节车厢空调故障和全列空调故障,应分别采取相应的应对措施和提供相应服务。

(一)高速铁路动车单节车厢空调故障

1. 了解情况

列车长立即通知随车机械师进行修复,并了解空调故障的具体情况;不能修复时,向客调、段安全生产指挥中心、车队汇报。由安全生产指挥中心向铁路局集团公司客运部报告。

2. 宣传解释

列车长了解情况后应向各岗位工作人员传达空调故障原因,通过广播向旅客说明情况并致歉。同时应组织乘务人员到车厢做好解释、安抚、服务工作,关注旅客动态,照顾重点旅客,维护车内秩序。

列车上广播通知模板：

旅客们，我是××次列车列车长，因××原因，空调不能正常使用，铁路部门正在积极组织抢修，给您造成的不便，向您表示诚挚的歉意。

3. 室温调节

列车长可根据现场实际温度进行判断，如有需求，通知随车机械师调节故障相邻车厢空调温度。列车长通知事发车厢乘务员、安全员予以协助，打开故障车厢与相邻车厢之间的端门，保持各车厢间的空气流通，辅助车内温度调节。

4. 人员转移

综合考虑车内客流、故障车厢旅客人数等情况，在尽量保证旅客服务质量的前提下，妥善安排故障车厢旅客至其他车厢。

（二）高速铁路动车全列空调故障

1. 全列空调失效超过20min不能恢复且列车不能正常运行等待救援时

（1）情况汇报

列车长向（所在地）客调、段安全生产指挥中心、车队汇报故障原因、车内情况和旅客需求，听取指示。

（2）安网开门

等待救援时，列车长可视车内温度（原则上车内温度超过30℃，特殊情况也可视车内实际情况）和旅客舒适度情况，通知司机向列车调度员提出在区间开门通风请求，获得许可后列车长根据列车工作人员配置及客流情况，确定开门数量与位置，并组织列车工作人员到指定位置取出防护网（图6-1），列车长组织客运、餐饮、保洁人员进行，司机、随车机械师共同配合在列车运行方向左侧（非会车侧）车门安装防护网。安装防护网两人一组，互相配合。确认防护网安装牢固后，列车长组织列车乘务人员按照"一人一门"值守看护到位后，随车机械师手动打开相应车门，列车长将现场情况告知司机。

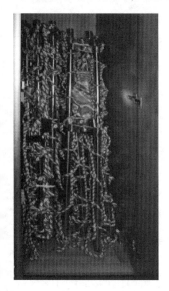  

图6-1 动车组防护网

根据动车组车型不同防护网放置的位置不同,以 CRH380B 型动车组列车为例,防护网定位放置在 2 车备品柜内,每组车体 8 个。挂放方法:

①打开保洁柜拿取防护网。

②送至需使用防护网车厢。

③安装。安装时需保证防护网上的警示标识在车内看是正面。使用时,从防护网存放处取出,展开防护网,然后把防护栏杆立柱上两个卡箍上的拧紧螺栓用通用钥匙完全松开,把两个内盖板转动到与立柱平行,然后把卡子套在门口扶手杆上,立柱下端顶在地板面上,把可旋转的内盖板复原,使得卡箍把门口扶手杆套住,然后用通用钥匙拧紧固螺栓,这样卡箍便可与扶手杆紧固在一起。同样的操作方法,把另一侧的立柱固定在扶手杆上,防护网安装完毕。

④拆卸。拆卸顺序正好与安装时顺序相反。

(3)安全保障

乘务人员按照"一人一门"做好值守防护。列车广播进行安全提示,乘务人员加强对车门口安全宣传,直到车门关闭,严禁旅客靠近防护网或自行下车。

动车组列车停车开门安装防护网时的广播模板:

为了您的安全,请您不要靠近打开的车门,谢谢您的合作。请列车工作人员做好打开车门的安全值守。

(4)加强巡视

乘务人员要加强车厢内巡视,并做好旅客解释和安抚工作,防止旅客情绪激化,切实满足旅客需求,做好供水、供餐等服务保障工作,确保旅客情绪稳定。

(5)关闭车门

故障排除或恢复供电后,列车长及时通知随车机械师关闭车门,车门关闭后,组织列车工作人员拆除车门防护网,并存放于规定位置。

(6)组织换乘

需要组织旅客下车或换乘其他列车时,应在车站站台进行。必须在站内不临靠站台的线路或区间组织旅客下车或换乘时,需经铁路局集团公司主管部门批准。

2. 全列空调失效超过 20min 不能恢复但列车能正常运行时

(1)情况汇报

列车长向(所在地)客调、段安全生产指挥中心、车队汇报故障原因、车内情况和旅客需求,听取指示。

(2)宣传解释

列车长向全体工作人员传达空调失效原因,并通过广播向旅客通报情况并致歉,列车长组织工作人员到车厢做好解释、服务工作。

(3)加强巡视

乘务人员要加强车厢内巡视,并做好旅客解释和安抚工作,防止旅客情绪激化,切实满足旅客需求,做好供水、供餐等服务保障工作,确保旅客情绪稳定。

(4)停站安网

空调失效超过 20min,列车长视车内温度及通风情况,通知司机向列车调度员提出前方最近客运站停车请求,由列车调度员安排在前方最近客运站停车。停车后,列车长组织列车工作人员共同配合在列车运行方向左侧(非会车侧)车门安装好防护网(安装方法同上,不再赘述),确认防护网安装牢固后,列车长组织列车乘务人员按照"一人一门"值守看护到位后,随车机械师手动打开相应车门,列车长将现场情况告知司机。

(5)安全保障

确认值守人员到位后,列车长通知随车机械师。随车机械师确认防护网固定状态和动车组状态后,通知动车组司机。动车组司机向列车调度员申请打开车门限速运行的调度命令。列车调度员向沿途各站及司机下达"××次因空调失效开放部分车门运行,限速60km/h(通过高站台时限速40km/h运行)"的调度命令。列车长组织乘务人员在距离车门1m的合适位置值守,值守时要面向车内、站稳抓牢,掌握车内动态,严禁旅客靠近车门。

此外,空调故障导致旅客列车晚点时,列车长还应通过广播向旅客通报致歉,列车长组织乘务人员统计好中转换乘旅客信息,协助做好后续旅客退票或改签工作;因空调故障需退还票价差额时,列车长组织乘务人员做好旅客人数及相关信息收集统计,按规定编制客运记录,交到站为旅客按章办理退还空调费手续。

案例分析

动车组全列空调故障案例

1. 事件概况

2024年1月1日20:23,××次列车运行至×站,由于暴雨影响,列车临时停车,20:53因解除接触网断电全列无电,21:00恢复供电,停雨,恢复供电后全列车空调故障,列车限速运行至×站。

2. 事件处置

该事件处置必须把握三个时间节点:一是20:23;二是20:53;三是21:00。

列车长处置中必须围绕三个时间节点开展工作:

(1)20:23时间节点处置:

①及时了解。当列车临时停车后,列车长第一时间向司机问明原因。

②上报信息。当问明停车原因后立即向段指和车队汇报(简报)。

③广播致歉。停车15min后仍无法开车,列车广播说明停车原因,取得旅客谅解。

(2)20:53时间节点处置:

①启用应急。当接触网断电后,列车长立即通知各车厢乘务员到5号车乘务房领取应急电筒,巡视车厢,防止旅客使用明火照明。

②维护现场。劝阻旅客不要在车厢内来回走动,重点是带小孩的旅客。

③提供方便。当断电引发卫生间冲水设施故障时,布置保洁人员准备小号垃圾袋供旅客解大手。

(3)21:00时间节点处置:

①要点停车。21:00恢复供电后列车启动,当接触网故障恢复后全列车空调无法工作,随车机械师确定无法修复时,列车长立即通过司机向列调报告,在最近前方站要

点停车安装防护网。

②安装防护网。当列车在站内停车后,列车长安排人员根据客流打开运行方向左侧2~3个门的决定(未到达车站前,各岗位可以提前安装防护网,节约时间)。

③限速运行。乘务员安装好防护网后,列车长和随车机械师确实安装牢固后,逐一手动打开车门,相关岗位乘务员做好防护,列车限速运行。

④办理票务。列车长做好人数统计,开好客运记录为没有享受空调的旅客交站退还票价差额做好准备。

⑤上报信息。事情全部处理完毕后,将整件事情进行梳理,向上级部门做详细汇报。

学习情境6.2 高速铁路动车火灾、爆炸事故应急处置

学习情境描述

2023年8月15日,你所在的乘务组值乘的北京朝阳—哈尔滨西的G931次旅客列车,在沈阳北至铁岭西区间时,3号车厢10F座位下起火冒烟,疏散旅客至其他车厢后发现仍无法扑灭火情,乘务组应如何进行应急处置?

学习目标

知识目标

1. 掌握高速铁路动车火灾、爆炸事故的基本知识。
2. 掌握高速铁路动车火灾、爆炸事故处置的岗位职责和处置流程。

技能目标

1. 能处置高速铁路动车初起火情。
2. 能处置高速铁路动车火情不能立即扑灭甚至发生爆炸的应急情况。

素质目标

1. 提高安全防范意识和应急能力,具备安全无小事的安全生产意识。
2. 具备良好的服务意识和高度的工作责任心。

任务分组

请同学们自行组队并分配角色,填写表6-5,共同完成高速铁路动车火灾、爆炸事故应急处置作业,可邀请其他小组同学充当旅客角色。

学生任务分配表   表6-5

任务名称:高速铁路动车火灾、爆炸事故应急处置   指导老师:

班级		日期	
班组		组长	
班组成员		任务分工	
姓名	任务角色		

获取信息

引导问题1：火灾事故应急处置应遵循"_____，_____，_____，_____，_____"的基本原则。

引导问题2：根据造成的严重后果不同，高速铁路动车火灾、爆炸事故可以分成哪几个等级？

引导问题3：简述高速铁路动车初起火情时的应急处置流程。

引导问题4：动车组列车工作人员发现或接到初起火情时，可以因地制宜采取_____、_____、_____等灭火方法进行初起扑救。

引导问题5：简述灭火器使用方法。

引导问题6：高速铁路动车发生火情不能立即扑灭甚至有可能发生爆炸时，应如何进行应急处置？

引导问题7：高速铁路动车发生火情需要立即停车时，停车地点原则上应该避开哪些位置？

引导问题8：简述防火隔断门的使用方法。

引导问题9：高速铁路动车发生火情后，若有旅客被疏散至安全车厢后，想返回起火车厢拿回自己的贵重物品，乘务人员应该怎么做？

引导问题10：高速铁路动车发生火情后早期如何切断火源？

引导问题11：高速铁路动车发生火灾，应如何尽快抢救伤员？

引导问题12：高速铁路动车发生火情后，列车长向事故发生地的客运调度员报告救援时，应报告哪些内容？

引导问题13：乘务人员要配合公安机关了解和记录哪些信息情况？

制订计划

根据所收集的资料，制订高速铁路动车火灾、爆炸事故应急处置工作计划，计划内容包括应急处置作业流程、风险分析、安全卡控措施和需要用到的工具或设备清单（表格可另附页），完成表6-6。

高速铁路动车火灾、爆炸事故应急处置工作计划　　　　表6-6

步骤	作业流程	风险分析	安全卡控措施	工具清单
1				
2				
3				
4				
5				

任务实施

根据学习情境描述，结合动车组乘务人员组成、工作责任划分、实训场地和设备，编制实训演练关键程序和关键对话脚本（可另附页），根据实训演练脚本，操作相关实训室设备，开展高速铁路动车火灾、爆炸事故应急处置模拟演练。

动车组列车发生火灾演练程序

评价反馈

日期：　　年　　月　　日

实训项目名称：

序号	评价项目	评分标准	满分	评价 自评	评价 互评	评价 师评	综合得分
成员：				成绩			
1	仪容仪表	按规定着装，仪容整洁，符合规范要求，精神状态饱满	10				

续上表

序号	评价项目	评分标准	满分	评价			综合得分
				自评	互评	师评	
2	作业准备	精神状态符合规范要求,按规定准备工具和备品	10				
3	作业用语	及时、准确、清晰,用语规范	10				
4	应急处理	操作规范、动作准确、符合规范	20				
5	作业流程	处置要点齐全,流程合理	20				
6	作业安全	严格执行安全卡控,无安全事故发生	20				
7	职业素养	体现安全生产、组织纪律、敬业精神等	10				

相关知识

一、高速铁路动车火灾、爆炸事故基本知识

设备故障、自然灾害、人为原因等都有可能导致列车发生火灾甚至爆炸,这不仅会给铁路运输安全造成巨大威胁,还可能导致线路损毁、行车中断,从而导致严重影响铁路运输秩序。

(一)处置原则

火灾事故应急处置应遵循"统一指挥,快速反应,以人为本,迅速扑灭,减少损失"的基本原则。

1. 统一指挥

在铁路局集团公司统一领导下,各有关部门、单位按照分工,各负其责,各尽其职,保证事故救援工作高效、快速、有序地进行。铁路火灾事故的现场扑救,由地方公安消防部门统一组织和指挥,铁路单位予以配合。

2. 快速反应

火灾事故发生后,有关部门应按照本预案的响应程序和工作要求,立即组织有关人员赶赴现场,向现场调集灭火救援队伍和所需的物资、装备,迅速开展灭火救援行动;并立即拨打"119"火警电话,报告火灾发生地点、着火物质、火势大小、报警人姓名及电话号码,并派人到路口引导消防车。

3. 以人为本

灭火救援中要把保证人的生命安全作为第一原则,尽最大努力做好人员疏散、遇险人员抢救以及伤员救治工作。同时,做好灭火人员的安全防护,确保安全。

4. 迅速扑灭

根据火灾现场实际情况,充分利用现已配备的消防设施,采取有效的灭火战斗方案和火灾扑救措施,迅速控制火势,扑灭火灾。

5. 减少损失

灭火救援中要千方百计防止火势蔓延,抢救遇险物资,并尽可能减少次生灾害。

火灾扑灭后,要尽快恢复生产、工作秩序,做好事故善后处理。

(二)事故等级分类❶

1. Ⅰ级(特别重大火灾事故)(红色)

导致30人以上死亡(含失踪),或危及30人以上生命安全;重伤100人及以上;直接财产损失超过1亿元。

2. Ⅱ级(重大火灾事故)(橙色)

造成10人以上30人以下死亡(含失踪),或危及10人以上30人以下生命安全;或者50人以上100人以下重伤;直接财产损失为5000万元以上1亿元以下。

3. Ⅲ级(较大火灾事故)(黄色)

造成3人以上10人以下死亡或危及10人以上30人以下生命安全;重伤10人以上50人以下;直接财产损失为1000万元以上5000万元以下。

4. Ⅳ级(一般火灾事故)(蓝色)

造成3人以下死亡,或危及10人以下生命安全;重伤10人以下;直接财产损失为1000万元以下。

二、高速铁路动车火灾、爆炸岗位职责

消防安全管理贯彻"预防为主、消防结合"的方针,实行岗位防火责任制和标准化管理。列车工作人员应掌握列车发生火灾时的岗位职责,服从命令,听从指挥,落实防火措施。高速铁路动车火灾、爆炸时的岗位职责如表6-7所示。

高速铁路动车火灾、爆炸时的岗位职责　　　　表6-7

岗位	岗位职责
列车长	列车长作为总负责人,负责全面指挥和调度协调工作。 1. 全面指挥,组织灭火扑救; 2. 组织其他工作人员迅速从列车两侧将灭火器集中至起火现场扑救; 3. 组织工作人员疏散旅客,抢救伤员,防止发生混乱; 4. 发动和组织旅客开展自助自救活动
乘警	乘警作为协调指挥,负责现场警卫、疏散旅客、调查取证工作。 1. 维护列车秩序,保护现场; 2. 在紧急情况时,发动和组织旅客从车门或使用紧急破窗锤破窗,从逃生窗正确逃生; 3. 在积极组织扑救火灾、疏散旅客的同时,还要积极抢救伤员; 4. 了解事故详细情况,做好调查访问笔录,搜集相关证据
随车机械师	随车机械师作为协助指挥,负责列车灭火、车辆分离、设置防护、救援等工作。 1. 按照列车长的指挥,迅速切断电源; 2. 设置防护; 3. 正确指导乘务人员和旅客充分利用车内消防器材或其他可以利用的工具迅速扑救; 4. 正确指导乘务人员和旅客利用车内紧急开关开门或从逃生窗逃生

---

❶ 该部分内部摘编自《沈阳铁路局集团公司事故应急预案》。

续上表

岗位	岗位职责
司机	司机立即采取紧急停车措施,负责协助随车机械师车辆分离,设置防护工作
列车员	列车员及相关人员按现实分工或按列车长的安排负责灭火、信息传递、隔离、疏散旅客、维护稳定车内秩序,保护现场。 1.听从列车长指挥,迅速参加扑救; 2.使用防火隔断门迅速封锁车厢,严防旅客在列车运行中跳车、串车发生意外事故; 3.在疏散旅客的同时,做好宣传工作,稳定旅客情绪,以免发生混乱; 4.在扑救火灾、疏散旅客的同时,本着"先救人,后救物,先重伤后轻伤"的原则,积极抢救伤员; 5.紧急情况时,发动和组织旅客正确利用车门和逃生窗逃生; 6.积极向公安机关提供线索,协助搞好现场调查,尽快查明事故原因

三、高速铁路动车火灾、爆炸应急处置

高速铁路动车发生火灾、爆炸事故时,应统一指挥、迅速反应、站车协同、正确处置、尽快开车。其应急处置可分为发生初起火情时的应急处置和火情不能立即扑灭甚至发生爆炸时的应急处置两种情况。

(一)发生初起火情时的应急处置

发生初起火情时,应立即采取措施进行扑救,以防火势蔓延,将火灾扼杀在初起阶段,具体应急处置流程为"初起扑救→现场扑救→彻底排查→救治伤员→调查取证→及时报告"。

1.初起扑救

动车组列车工作人员(含司机、随车机械师、乘警、客运、餐售、保洁等人员,下同)发现或接到旅客反映车厢内明火、冒烟或消防设施报警等初起火情时,应立即到现场查看、施救,因地制宜采取火浇、脚踏、灭火器等灭火方法进行初起扑救,同时报告列车长,口头宣传旅客疏散。全体工作人员立即就近使用灭火器材进行扑救,并关闭与邻近车厢相关的防火隔断门,以防止火势蔓延,危及旅客生命安全。

列车上常用的灭火器如图5-1所示,主要有干粉灭火器和水型灭火器两种。各型号动车组配备的灭火器数量不尽相同,一般每车配备4具,干粉、水型各2具,餐车后厨另有2具4L水型灭火器,驾驶室另有2具4kg干粉灭火器。

使用方法:使用灭火器时,将灭火器倾斜,从套筒内取出灭火器,拔出保险销,将喷嘴对准火焰根部(带软管的灭火器,要握紧软管喷嘴),按下压把,快速推进,直至将火扑灭,注意灭火时要站在上风位置。

2.现场扑救

列车长接到火情通知后,应会同随车机械师、乘警(无乘警时为安全员)到现场确认,如核实火情立即通知司机,并根据现场实际情况和火情特点,采取有效措施迅速扑救,必要时应组织旅客向安全车厢疏散。若发生电气起火,则应立即断电。在扑救火

灾时,列车乘务人员应保护好现场,并采取措施做好宣传工作,稳定旅客情绪,维持秩序,以免发生混乱。

3. 彻底排查

扑救结束后,列车长应组织乘警、随车机械师对起火部位进行彻底排查,现场持续观察监护不少于30min,确认火情已完全熄灭且不会复燃,列车长安排乘务员继续对起火部位进行观察至终点站。若列车已断电,列车长应通知司机恢复供电。

4. 救治伤员

如有旅客受伤,应立即进行救治,按照旅客意外伤害事故处理的有关程序进行处理。在扑救灭火的同时,列车员应迅速有序指挥旅客向邻近的安全车厢疏散,解救被火围困的旅客,对已经疏散的旅客严禁返回事故车厢。要加强宣传,稳定旅客情绪,维持好车内秩序,防止旅客跳车和混轮等意外情况发生。

5. 调查取证

如确认是外来火源或烟头等原因导致火情,乘警(无乘警时为列车安全员)组织列车工作人员、旅客现场调查取证,并形成书面材料。

6. 及时报告

列车长应及时向段调度室汇报情况,包括起火部位、起火事件、车体情况、旅客情况、处置过程等。

(二)火情不能立即扑灭甚至发生爆炸时的应急处置

火情不能立即扑灭甚至发生爆炸时的应急处置流程为"立即停车→疏散旅客→迅速扑救→切断火源→设置防护→报告救援→抢救伤员→保护现场→协助查访→认真取证"。

1. 立即停车

乘务人员发现火灾事故或接到火灾事故报告、火警报警装置报警后,应迅速赶往事故地点了解火情,根据火灾危及行车和旅客人身安全情况,若初步判断火灾会形成危害、危害程度较重,或使用灭火器仍然无法将火扑灭,严重危及行车和旅客人身安全时,应立即使用紧急制动阀或通过列车通话单元呼叫司机停车,若判断是电气火灾,应同时通知随车机械师切断电源。司机应立即停止车内通风,停车,坚守岗位,并应立即向列车调度员或车站值班员(车务应急值守人员,以下同)报告,并配合乘务人员、随车机械师、乘警进行旅客疏散、火灾扑救等工作。

动车组列车
火灾处置

当全部人员向安全车厢疏散完毕后,险情仍未得到有效控制,需向地面疏散时,原则上不准停留在区间、隧道和桥梁,由列车长向司机请求在最近营业站停车向地面疏散。如确定在最近营业站停车时,客服调度应先通知前方停车站提前做好准备,组织旅客疏散。

> 💡 **安全提示**
>
> 停车点应避开生产或储存易燃、易爆危险品的场所,以及高大桥梁、隧道、长大下坡道等路段。

2. 疏散旅客

(1) 先期到达的乘务人员应迅速将着火车厢内的旅客向相邻车厢或地面地带安全有序地疏散转移，避免发生秩序混乱，造成踩踏伤害事故；随后到达的乘务人员在列车长、乘警的指挥下全力投入扑救工作。如车厢内浓烟弥漫危及人员生命安全时，应立即使用安全锤将车窗玻璃击碎，排出浓烟并保持车内通风，要指导被困旅客用湿毛巾、手帕、衣物捂住口鼻，采取低姿行走的方式疏散到安全车厢，防止旅客跳车、趁火打劫等意外情况发生。

(2) 如需在区间疏散时，列车长向司机提出请求，由司机向列车调度员申请，并由列车调度员明确下车方向。原则上应扣停临线列车后，打开列车运行方向右侧车门（靠邻线侧）进行下车疏散，列车长在接到司机转告列车调度员已扣停邻线列车及下车方向的通知后，立即指挥列车工作人员打开列车指定方向侧车门，根据需要安装好疏散舷梯（安全渡板）或应急梯，组织旅客向地面安全地带疏散，同时做好安全宣传和防护，严禁旅客跨越线路；如遇险情危及旅客安全，须在区间疏散，又未能及时接到扣停邻线列车的命令，列车长应通知司机并会同随车机械师打开列车运行方向左侧车门（无线路一侧），结合现场实际，确定旅客疏散方向和疏散方式，列车工作人员应做好旅客安全宣传和防护，严禁旅客跨越线路。

(3) 在隧道需停车疏散旅客时，应尽可能将事故列车拉到洞外明线段进行疏散。在着火列车行驶至救援站明线段后开展疏散救援，着火车厢应尽可能停靠于紧急救援站明线段中间。紧急情况下需在长大隧道内疏散旅客时，列车长应提前通知客服调度需开启隧道照明，客服调度通知供电部门通过远动开关方式开启照明；紧急情况供电人员无法及时赶到现场时，客服调度需向供电部门确定离列车最近的照明开关箱位置，通知最先到达现场人员开启隧道照明、防护门。需列车长开启时，客服调度将位置信息转达至列车长。列车长接到通知后，安排客运乘务人员（原则上为男性）携带通信、照明工具，手动解锁打开列车运行方向无线路一侧指定车门（单洞双线隧道位于运行方向左侧，双洞单线隧道位于运行方向右侧），沿隧道内的疏散通道到最近的开关箱开启照明。之后迅速前往最近的紧急出口、避难所等放在救援设施处，并打开通道内防护门及防灾风机，以满足疏散人员的通风要求。其他列车乘务人员同时引导旅客通过该紧急出口逃生或进入避难所等待外部救援。列车长应在疏散队伍最尾部，在其进入紧急出口或进入避难所前向所在铁路局集团公司客服调度汇报具体人数和位置。

(4) 旅客需下高架桥等待救援时，客服调度应提前通知工务部门，并告知公安局指挥中心。工务部门提前打开制定疏散梯，同时将疏散梯的打开处置情况及时汇报调度所。调度所根据工务部门反馈信息，将相关情况通知司机转告列车长和随车机械师，列车长接到高架桥疏散梯打开的通知后，组织旅客向指定疏散梯处有序疏散。

疏散旅客后，迅速关闭起火车厢通道防火隔离门。需向地面疏散时，列车长组织列车工作人员打开运行左侧车门进行逃生。车体配备应急梯的，列车长指挥大号车厢乘务员打开6、7车连接处的6车门，指挥小号车厢乘务员打开2、3连接处的2车门，并由大号车厢保洁员配合大号车厢乘务员，小号车厢保洁员配合小号车厢乘务员安装好应急梯,由随车机械师负责确认应急梯的安装情况。车内疏散时由大号车厢保洁员负责7、8车旅客引导,由1名餐饮人员负责5、6车旅客引导,将5～8车旅客引导到6车疏散。由另1名餐饮人员负责3、4车旅客的引导,小号车厢保洁员负责1、2车旅客的引导,将1～4车旅客引导到2车疏散,在列车运行方向左侧下车。列车长、大号车厢乘务员和1名餐饮人员各负责列车首尾部旅客疏散秩序,确保人身安全。小号车厢乘务员持引导设备引导旅客向安全地点撤离,保证安全(一长三员或一长四员时,由列车长根据实际合理分工)。对于已经疏散的旅客,应严禁其返回事故车厢。

安全提示

疏散旅客时应注意以下几点:

(1)列车长、司机、乘警以及随车机械师应集体商定疏散方案、密切配合,有序实施。

(2)乘务人员应迅速做好防护,做到前有带队、中有护队、尾有押队,组织旅客有序下车,并将其引导至安全地带,可使用引导旗、扩音喇叭组织引导旅客。

(3)当起火车厢的旅客疏散完毕后,应迅速关闭起火车厢两端的防火隔断门,确保车厢处于密闭状态,以免大量空气进入,加速火势蔓延。

(4)列车因火灾迫不得已紧急在隧道停车时,乘务人员应及时扑救,一旦火势难以控制或隧道内产生大量有毒气体时,应果断组织旅客向隧道外疏散。疏散中应在列车长、乘警和随车机械师协同指挥下,由乘务人员携带强光手电筒等照明设备先行确认安全线路和就近隧道出口后,并在确认邻线区间封闭后,乘务人员在车内和车下、隧道内间隔有序引导,确保旅客沿着隧道内壁通道有序快速行走疏散至隧道外,利用隧道的人行通道,做好旅客疏散和安全防护工作。

3.迅速扑救

列车长组织列车工作人员赶赴现场,本着"先人员、后财产"的原则,听从指挥,做好扑救工作。列车长应立即通过对讲机或列车通话单元呼叫全体乘务人员参与扑救,在列车长的统一指挥下集中列车所有灭火器材,快速将本车厢的灭火器材传递到起火车厢。根据火灾现场实际情况采取有效的灭火方案和扑救措施展开扑救,控制火势,扑灭火源。实施扑救时可动用一切可以利用的人力、物资、器械。乘务组力量无法扑救时应彻底关闭防火隔断门,以防止火势蔓延。

安全提示

一、防火隔断门

动车组防火隔断门由具有防火性能的不锈钢材质制成。发生火灾时,防火隔断门可有效阻止和延缓火势蔓延,最长阻燃时间为15min。根据动车组车型的不同,防火隔断门设在车辆连接处的风挡位置的端墙内,一、二位端都有设置。

使用方法:需要使用防火隔断门时,确认着火车厢旅客疏散完毕后,拽出隐藏在

车辆连接处两侧的防火隔断门,拉动防火隔断门直至闭合,然后用钥匙锁闭防火隔断门。

二、应急梯

在动车组运行过程中因故障不能继续运行,应急梯既可以在列车停车后将旅客从动车组转移到地面上,作梯子使用,如图6-2所示。

图6-2 应急梯

使用方法:用时取出拿到指定位置,乘务人员将应急梯组装好,旋紧按钮加固,向上拉起扶手,并将梯身和扶手固定,确认支撑牢固即可,乘务人员要做好防护工作。

4. 切断火源

(1)停车随车后须分解列车时,司机、随车机械师要密切配合,如使用重联车组时,重联的机车司机要和随车机械师及时沟通,按照先摘后、后摘前的方法将着火车组分解分离,即:先将着火车辆与后部车列分离,并将着火车辆尽量转移到线路平坦易于救援处,再将前部车列与着火车辆分离,切断火源,防止火势蔓延。

(2)重联动车组列车需解编时,由随车机械师负责引导,司机确认并拉开安全距离。解编后,动车组应分别按规定采取防溜措施。

(3)对甩下的车辆,在车站由车站人员负责采取防溜措施;在区间由司机、车辆乘务员负责采取防溜措施。

5. 设置防护

列车分离后,司机应迅速指挥做好列车防护工作;列车长应立即通知当地铁路局集团公司客调,由铁路局集团公司客调通知电力调度将接触网停电,在电源未切断之前任何人不得用水灭火。

列车在区间被迫停车后,随车机械师(车辆乘务员)、客运乘务组均应听从司机指挥,处理有关行车、列车防护和事故救援等事宜:

①已请求救援时,从救援列车开来方面(不明时,从列车前后两方面),距离列车不少于300m处防止响墩防护;在仅运行动车组列车的线路上,列车在区间被迫停车后已请求救援时,由随车机械师在救援列车开来方面,距离列车不少于300m处人工进行防护,不再放置响墩防护。

②到车分部运行,机车进入区间挂取遗留车辆时,应从车列前方距离不少于300m处放置响墩防护。

③防护人员设置的响墩在停车原因消除后,由防护人员撤除。

④配备列车防护报警装置的列车应首先使用列车防护报警装置进行防护。

6. 报告救援

列车长和乘警应向邻近车站、所在局客运调度、段调度、动车调度室报告简要情况。报告内容应简明扼要,要包括火灾发生的时间、地点、车次、起火车辆所处位置、起火部位、起火物、人员伤亡、车辆线路毁损情况、灭火救援情况等情况。必要时应迅速请求事故发生地路局向当地政府、公安机关和驻军请求支援。同时乘务组应做好服务和安抚工作,避免引起旅客恐慌,防止事态扩大。

报告内容:＿＿＿＿铁路局集团公司客调(动调)(车站、段调度室),您好,我是＿＿＿＿次列车长＿＿＿＿,＿＿＿＿时＿＿＿＿分,列车运行至＿＿＿＿线＿＿＿＿区间＿＿＿＿千米＿＿＿＿米处,机后＿＿＿＿辆＿＿＿＿车由于＿＿＿＿原因引起火灾,车上旅客共计＿＿＿＿人,其中重点旅客＿＿＿＿人,目前人员和财产损失情况＿＿＿＿,餐料、水情况＿＿＿＿,已与＿＿＿＿站取得联系。

7. 抢救伤员

在疏散旅客、扑救火情的同时,应立即抢救被火围困或受伤的人员。当发生有人受伤时,应将伤者转移到安全场所,及时拨打120急救电话请求救护,并根据具体情况由红十字救护员或旅客中的医护工作者对受伤人员开展紧急救护,采取止血、简易固定、包扎等现场初期救护措施,为医院救治创造条件。

8. 保护现场

在扑救过程中,乘警应注意保护现场,视情况设置警戒区,禁止实施救援以外的人员进入现场。未经公安机关消防机构同意,不得擅自清理火灾现场和移动现场任何物品,妥善保护事故现场痕迹、物证等有关证据材料。乘务人员要积极配合乘警,共同维护秩序,采取多种形式做好解释工作,稳定旅客情绪,以免发生混乱。

除救护伤员、开通列车等需要外,不得有人擅自移动现场任何物品。必须移动现场物品时,应当拍摄照片。

9. 协助查访

乘务人员要积极配合公安机关了解情况,提供线索、协助调查;同时,要认真清点疏散的旅客和伤员人数,确认伤员受伤程度,登记旅客姓名、性别、年龄、单位、住址、车票、身份证号、其他证件号及随身携带物品等信息。

10. 认真取证

乘警应及时调查、取证,及时发现并控制肇事者,妥善保管物证,为现场勘察、认定火灾原因创造有利条件。列车长应组织乘务人员做好如下工作:

(1)清点火灾车厢旅客人数,恢复原始座号,登记车票号和身份证号。
(2)询问目击旅客火灾原因,协助乘警进行调查,找出火灾肇事者或说明情况。
(3)统计伤亡人数。
(4)调查旅客损失的物品,登记造册。
(5)尽力做好旅客的餐饮供应。恢复运行后,列车长要将列车受损情况及时向有关部门进行反馈,拍发电报,编制客运记录。

遇上述应急状况发生时,由调度所客运调度员通知客服中心解答口径,以便客服代表回复旅客的咨询和投诉。

案例分析

一、G××次旅客手机掉落商务座夹缝导致冒烟案例

1. 事件概况

2024年1月1日，××铁路局集团公司动车一队担当的G××次动车组，运行中商务座出现冒烟，列车长、随车机械师立即到场处置，处理过程中列车未发生烟雾报警，未造成列车降速停车。

2. 事件分析

经调查分析，故障原因为商务座旅客不小心将放在座椅左侧缝隙处的手机掉入座椅内侧，旅客多次调节座椅后导致手机与座椅发生摩擦出现冒烟，经处理，手机已取出，但已烧焦变形。

3. 事件教训

（1）加强作业卡控。列车长要根据每站商务座旅客上车情况，追踪、询问商务座专（兼）职乘务员安全宣传工作落实情况，对未落实工作要求的，对责任人纳入自控型班组考核。

（2）加强安全提醒。专（兼）职列车员在进入商务座车厢进行续水、送餐、卫生清洁、到站提醒等服务时，注意观察是否有旅客将手机等小件物品放在座椅边缘处，并进行一对一的提醒，避免干扰其他旅客。

（3）加强监督落实。一是要组织专（非）职列车员进行培训，要求人人掌握服务流程，熟知宣传用语。二是相关动车队加强现场督促，干部添乘时重点检查、抽问商务座服务和安全提示工作落实情况，检查列车长宣传及现场监督作用发挥情况。

二、旅客充电宝着火处置得当

1. 事件概况

20××年5月1日，××客运段担当的D××次列车，运行至××—××间，3号车厢1名旅客使用的充电宝突然冒烟，烟雾很快扩散到整个车厢。列车长贾××发现后，立即用电台呼叫司机停车，指挥启动应急预案并迅速将火情扑灭。依据"××铁路局集团公司发现和防止安全突出隐患奖励办法"，给予贾××3000元奖励，以资鼓励。

2. 事件分析

列车长贾××在发生突发事件时能够果断处置，及时喊停列车、扑灭火情，积极安抚旅客，将事态影响控制到最小，确保了铁路行车安全和旅客人身安全。

3. 事件提示

各次列车要认真学习先进典型事迹，广大干部职工牢固树立"人民至上、生命至上"重要思想，遇列车突发事故时，要及时启动应急预案，本着"先保人、后保物"的原则果断妥善处置。

学习情境6.3　高速铁路动车旅客突发急病或人身伤害事故应急处置

学习情境描述

2023年8月15日，北京朝阳—大连北的G3503次旅客列车，辽宁朝阳站开车不久后，3号车厢一位粗心的妈妈将一桶刚用开水冲泡好的方便面放在茶几上转身离开，年仅2岁的男婴用手抓翻了方便面盒，滚烫的开水将男婴手臂烫伤，其母亲王某左大腿也被烫伤，烫伤部位伤情严重，多处起水泡，男婴因疼痛啼哭不止，列车预计10min后到达前方站锦州北站，乘务组应如何处理？

学习目标

知识目标

1. 掌握旅客人身伤害及突发急病事件岗位职责。
2. 掌握旅客人身伤害及突发急病事件处置流程。

技能目标

1. 能处置列车旅客突发急病应急事件。
2. 能处置列车旅客人身伤害事故。

素质目标

1. 提高安全防范意识和应急能力，具备安全无小事的安全生产意识。
2. 具备良好的服务意识和高度的工作责任心。

任务分组

请同学们自行组队并分配角色，填写表6-8，共同完成高速铁路动车旅客突发急病或人身伤害事故应急处置作业，可邀请其他小组同学充当旅客角色。

学生任务分配表　　　　　　　　　　　　　　　　　表6-8

任务名称：高速铁路动车旅客突发急病或人身伤害事故应急处置　　指导老师：

班级		日期	
班组		组长	
班组成员		任务分工	
姓名	任务角色		

获取信息

引导问题1：通过查阅资料，说明旅客人身伤害事故可能是哪些原因导致的。

引导问题2：旅客人身伤害及突发急病事件的发生有哪些特点？

引导问题3：遇有旅客急病或因病死亡时，列车乘务人员必须本着"_____"的服务理念，全力以赴予以救治。

引导问题4：简述高速铁路动车旅客突发急病的处置过程。

引导问题5：对在列车上参与救治的医护工作者，乘务人员应留下医务工作者的_____、_____、_____信息备查。

引导问题6：高速铁路动车发生旅客突发急病死亡时，应收集不少于_____份以上的旅客有效旁证材料。旁证材料上需有旁证人的_____、_____、_____、_____、_____。

引导问题7：高速铁路动车发生旅客急病或发生人身伤害事故，危及旅客生命安全需下车治疗时，列车长做好相关移交准备。编制客运记录一式_____份，特殊情况来不及移交相关材料的，_____日内向受理车站补交。

引导问题8：高速铁路动车发生旅客人身伤害事故，拍发事故速报需包含哪些内容？

引导问题9：高速铁路动车发生第三人责任旅客伤害，需要乘警参与处理时，应由乘警做好"_____"，作为发生法律诉讼时的法庭调查依据。

引导问题10：高速铁路动车发生旅客急病或发生人身伤害事故较严重，旅客不愿中途下车治疗时，列车长应在_____上注明并_____。

引导问题11：简述高速铁路动车发生旅客人身伤害事故的处理流程。

引导问题12：高速铁路动车发生旅客人身伤害事故需救治时，请根据学习情境案例拟定寻医广播词。

引导问题13：高速铁路动车发生旅客人身伤害事故需下车治疗时，请根据学习情境案例编制客运记录。

_____

_____

引导问题14：高速铁路动车发生旅客人身伤害事故列车长需拍发事故速报，请根据学习情境案例拟定事故速报内容。

_____

_____

制订计划

根据所收集的资料，制订高速铁路动车旅客突发急病或人身伤害事故应急处置工作计划，计划内容包括高速铁路动车乘务组出乘作业流程、风险分析、安全卡控措施和需要用到的工具或设备清单（表格可另附页），完成表6-9。

高速铁路动车旅客突发急病或人身伤害事故应急处置工作计划 表6-9

步骤	作业流程	风险分析	安全卡控措施	工具清单
1				
2				
3				
4				
5				

任务实施

根据学习情境描述，结合动车组乘务人员组成、工作责任划分，实训场地和设备，编制实训演练关键程序和关键对话脚本（可另附页），根据实训演练脚本，操作相关实训室设备，开展高速铁路动车旅客突发急病或人身伤害事故处置模拟演练。

动车组列车旅客突发急病演练程序

评价反馈

日期：　　年　　月　　日

实训项目名称：							
成员：				成绩			
序号	评价项目	评分标准	满分	评价			综合得分
				自评	互评	师评	
1	仪容仪表	按规定着装，仪容整洁，符合规范要求，精神状态饱满	10				
2	作业准备	精神状态符合规范要求，按规定准备工具和备品	10				

续上表

序号	评价项目	评分标准	满分	评价 自评	评价 互评	评价 师评	综合得分
3	作业用语	及时、准确、清晰,用语规范	10				
4	应急处理	操作规范、动作准确,符合规范	20				
5	作业流程	处置要点齐全,流程合理	20				
6	作业安全	严格执行安全卡控,无安全事故发生	20				
7	职业素养	各小组分工明确、团队配合协调,体现安全生产、组织纪律、敬业精神等	10				

相关知识

旅客人身伤害及突发急病事件是指在铁路运输过程中,由于各种原因导致旅客摔伤、挤伤、砸伤、突发急病等。此类事件的发生主要有以下特点:

(1)具有周期性,如春运期间是此类事件的高发期。

(2)与旅程长短、活动时间段有关,如旅行时间较长时,旅行疲劳可能会导致旅客发病。

(3)与列车环境、乘车条件有关,如在列车和站台的缝隙部位容易发生旅客摔伤。

(4)与列车工作人员、旅客成分有关,如老年人容易突发心脑血管疾病。

一、岗位职责

牢固树立"以服务为宗旨、待旅客如亲人"的服务理念,为旅客提供温馨服务,帮助旅客解决出行困难,不断改进乘务服务工作。列车工作人员应熟练掌握旅客突发急病或发生意外伤害时的岗位要求,保障旅客安全,及时处理,如表6-10所示。

旅客突发急病或人身伤害事故岗位职责　　　　表6-10

岗位	岗位职责
列车长	1. 查看旅客受伤程度,采取措施组织救治; 2. 同乘警(列车安全员)勘察现场,调查取证; 3. 如需下车治疗,与车站办理交接,接清客运记录、两份以上的旁证材料和旅客车票等资料
列车员	1. 发现旅客伤害或疾病时,立即向列车长报告; 2. 红十字救护员会同列车长及医生对旅客进行救治; 3. 加强车厢巡视,做好解释,安抚旅客; 4. 协助列车长,收集旁证材料等
乘警	1. 勘察现场,收集旁证物证,调查旅客受伤、死亡原因等; 2. 如遇打架斗殴等治安事件,应立即制止并加以劝导

二、高速铁路动车旅客突发急病或死亡的应急处置

遇有旅客急病或因病死亡时,列车乘务人员必须本着"以人为本"的服务理念,全力以赴予以救治。

(1)广播寻医。列车运行途中遇有旅客突发急病时,列车乘务人员应立即报告列车长,广播寻医,列车长立即赶到现场,会同医生实施急救,详细记载旅客基本情况、病情、急救过程。留下医务工作者单位、姓名、联系方式备查。

旅客突发急病的处理

(2)站车交接。因伤、病必须临时停车抢救时,列车长通过司机向所在铁路局集团公司列车调度报告情况,请求临时停车。停车前列车长做好编制客运记录等相关工作。列车临时停车后,列车长将急病旅客及同行人、携带行李按规定交站处理。

(3)收集旁证。如发生有同行人的旅客因突发急病死亡时,列车长应及时向同行人了解与死者的关系,死者的死亡原因,形成书面记录,检查旅客遗物,收集不少于两份以上的旅客有效旁证材料。旁证材料上需有旁证人的姓名、工作单位、实际居住地址、联系方式、身份证号码。

发生无同行人的旅客因突发急病死亡时,列车长应向实施抢救的医生了解初步诊断的病情、死亡原因等有关情况,形成书面材料,留下医务工作者的诊断书、姓名、地址和联系方式等有关情况,形成书面记录。及时收集不少于两份以上的旅客有效旁证材料,详细记录死者在旅途的有关情况,收集死亡旅客的车票和携带品,列车清点并认真保管。

列车长通过车载电话向司机通告,由司机通报到站和有关防疫部门,到站停车后,由列车长开具客运记录,将有关材料、遗体、遗物以及同行人(有同行人时)交列车前方停车站处理。并按规定拍发电报,通知有关部门上车进行简易消毒。

(4)及时上报。处理完毕,列车长应立即向单位领导汇报。终到后,通知车站联系卫生防疫站部门上车进行全面、有效的防疫、消毒处理。

三、高速铁路动车旅客人身伤害事故应急处置

1. 组织救治

发生旅客人身伤害事故时,乘务人员应立即向列车长汇报,列车长会同乘警立即赶到现场了解情况,安排红十字救护员利用红十字药箱进行初步救治,同时通过列车广播在旅客中寻找医务工作者帮助救治,并根据救治需要,提前协调医务工作者全程参与救治,直至医疗机构救护人员到场。

广播寻找旅客医生时,要对医生的姓名、身份、工作单位等信息做好书面记录并要求旅客医生签字确认。列车要配合医生积极进行救治,要求旅客医生提供患者伤病部位及程度、救治情况等书面材料。同时,列车工作人员应要求旅客医生将患者的病情、存在的风险告知患者或同行人。抢救死亡时,由医务人员确认并在客运记录上注明。

2. 调查取证

发生旅客人身伤害时,列车长应会同公安人员勘察现场,查验旅客所购车票信息,

了解旅客姓名、单位、地址、同行人、联系人等,并了解旅客受伤原因和过程,收集不少于2份同行人或见证人的证言等有关旁证、物证,并妥善保管好证据、材料。对参加救治的医务工作者的单位、姓名、联系方式等信息也应进行登记。

3. 站车交接

旅客人身伤害危及生命安全需立即下车抢救时,列车长应与司机联系,由司机报告调度员,请求在前方最近具备医疗条件的车站停车,列车长做好相关移交准备。编制客运记录一式两份,连同旅客随身携带品清单等一起移交。列车乘务人员不下车参与处理。特殊情况来不及移交相关材料的,列车长可暂不移交客运记录,3日内向受理车站补交。

4. 及时上报

(1)如旅客人身伤害事故系治安或刑事案件所致,乘警应在客运记录上备案,列车长拍发事故速报,及时将情况上报。事故速报内容:
①事故种类;
②发生日期、时间、车次;
③发生地点、车站、区间里程;
④伤亡旅客姓名、性别、国籍、民族、年龄、职业、单位、地址、车票种类、发到站、身份证号码;
⑤事故及伤亡简况。

(2)发生第三人责任旅客伤害,需要乘警参与处理时,应由乘警做好"讯问笔录",作为发生法律诉讼时的法庭调查依据。

(3)当发生治安或刑事案件造成旅客人身伤害时,列车应立即向客调(动调)报告,由乘警请求公安局指挥中心在相关车站派出警力处理,同时要采取措施维护车内秩序,防止事态扩大,保证旅客安全。

 安全提示

(1)若旅客人身份害是由治安或刑事案件所致,乘警应与站警办理案件交接。列车长填制客运记录,由乘警在客运记录上签名,同时拍发列车电报。

(2)旅客不愿中途下车时,列车长应在客运记录上注明并让其签字。

(3)被伤害旅客在列车内死亡(包括抢救无效死亡),列车长要请参与抢救的医务工作者在记录上注明死亡原因,列车长与乘警共同填制客运记录,按规定与车站客运人员和公安人员共同办理交接。

四、安全风险卡控点

树立"安全第一,预防为主"原则,自觉遵守劳动纪律和安全生产规章,落实各项安全管理制度,防止旅客在列车发生意外伤害事故,列车工作人员妥善处置旅客病伤突发事件。列车旅客病伤安全风险卡控点及控制措施见表6-11。

列车旅客病伤安全风险卡控点及控制措施　　表6-11

风险	安全风险卡控点	控制措施
风险一	安全警示标识不全	1. 动车组列车关键部位设置安全警示标识,起警示和引导作用; 2. 加强巡视,发现脱落及时报告车队或相关部门补充
风险二	边门口及通道堵塞	1. 动车组车厢的疏散通道必须保持顺畅,不得堵塞边门及消防通道; 2. 加强列车巡视,及时疏导超员旅客,避免扎堆聚集,造成边门堵塞及通道不通畅影响旅客乘降
风险三	行李架上有铁器、利器或行李架物品摆放不牢固	1. 行李物品摆放牢固整齐,做到大不压小,重不压轻,将铁器、利器放在座位下; 2. 通过列车广播做好宣传,列车员做好口头宣传
风险四	大件行李架、小桌板上有儿童坐卧	乘务员加强巡视,注意对大件行李架、小桌板上坐卧儿童进行安全宣传,及时劝阻制止
风险五	车厢地面湿滑	1. 督促保洁及时对车内地面湿滑处进行清理,采取防滑措施; 2. 加强口头宣传
风险六	旅客摔伤	1. 列车员立岗时,要认真组织旅客乘降,宣传旅客先下后上,避免人多拥挤导致旅客摔伤。对上下车的老、幼、病、残、孕等重点旅客以及穿高跟鞋的妇女、携带品较重的旅客进行重点照顾,做到多扶一把、多看一眼、多说一句; 2. 途中停车站,特别是高站台车站,必须使用安全渡板及警示带,对下车购物旅客和儿童加强安全宣传,提醒成人看管好儿童,防止儿童从车体或站台夹缝处掉下摔伤; 3. 列车广播和本车厢列车员要加强车内安全宣传,随时提醒成人看管好儿童,不要在车内乱跑、攀爬铺梯,防止摔伤
风险七	旅客烫伤	1. 电茶炉、小桌板处设置安全警示标识,提醒旅客接水不要过满或注意前座旅客调整座椅靠背; 2. 通过列车广播做好宣传,列车员做好口头宣传

案例分析

一、始发站移交突发急病旅客(死亡)案例

1. 事件概况

20××年1月1日,A站—B站D××次列车A站始发放客时,约7:45一旅客(男,约38岁)到4号车找到车长,称2车有旅客(黄×)突发急病,约7:46列车长随同该旅客立即赶到2车2位端现场了解情况,发现急病旅客脸色苍白、呼吸急促。该急病旅客称身体不适要下车治疗,列车长与通知车长的男性旅客一起将急病旅客搀扶背下车,同时车长口头通知车站工作人员到场处理。因时间仓促,车长与车站工作人员办理口头交接,称客运记录后补,全程未录视频,列车正点关门发车,收集旁证材料

2份。9:43列车长接A站电话告知急病旅客治疗无效宣布死亡。9:44列车长向车队汇报此事,9:50列车长向指挥中心汇报。

2. 处置存在问题

(1)列车长未按规定打开视频监控。列车长接到热心旅客通知有旅客突发急病,列车长赶往现场途中未开启视频记录仪,之后将急病旅客移交车站全程也未开启视频记录仪,未按"旅客急病处置流程"中规定接到信息赶往现场同时开启视频记录仪取证。

(2)对应急处置关键人物不留意不重视。列车长接到热心旅客通知并一起帮助把急病旅客扶背下车后,没有询问热心旅客车厢席位信息,后面收集旁证材料做准备,也没有记住热心旅客长相,以致后面收集旁证材料时找不到该热心旅客,只能另找其他旅客收集2份旁证材料。

(3)现场指挥不灵活。开车后,列车长去处理另一起疾病处置,没有安排列车员去找寻前面的热心旅客,收集旁证材料。没有体现出一名列车长的大局观,其对所管理的班组人员没有做好灵活调配、指挥。

(4)列车长不重视,汇报不及时。列车长敏感性不强,对急病旅客事件不重视,开车后没有及时向车队和段指挥中心汇报,而是接到A站急病旅客死亡的消息后才向车队和段指挥中心汇报。

二、高速铁路动车旅客食物中毒应急服务

20××年,D220×次列车(成都—上海虹桥)南京南站开车后,先后有多名旅客出现呕吐、腹泻症状。列车立即组织应急救治,收取当事人及其他旅客证词,采集食物、呕吐物样本,封存列车食物,停止列车餐车、售货供应。随后将有食物中毒症状的旅客移交镇江站处理。事故导致8名旅客食物中毒,构成旅客食物中毒事故。

1. 事故原因

旅客食用了列车上出售的卤鸡腿所致。经查,该列车卤鸡腿在常温下销售时间过长,销售人员手上有破损伤口,细菌繁殖污染了食物。

2. 事故教训

(1)列车食品销售管理制度不落实,食品销售管理不规范,未能严格落实《中华人民共和国食品安全法》,对食品进货、储存、加工、销售等环节把关不严。

(2)食品销售人员不遵守食品卫生相关法规制度,由于经营人员自身健康原因导致传染食物病菌。

(3)食品卫生工作的日常检查不到位,未能及时发现、整改存在的问题。

3. 应急服务

在此次突发事件中,动车组列车工作人员及时将事况(内容包括:日期、车次、时间、运行区段、中毒人数、危重患者人数、死亡人数以及患者车厢分布人数、主要症状表现、可疑食品、采取的措施、现场控制措施等)报告有关部门,并做好如下应急服务:

(1)针对疑似中毒旅客提供的应急服务

①现场救治服务:列车长接到有旅客发生疑似食物中毒的报告后,立即前往现场,

查看旅客情况，利用动车组列车配备的医疗救护药箱，采取催吐、导泻等方法实施应急救治，并立即通过广播请求旅客中的医务人员提供帮助。

②后续救护服务：列车长向当地客调请求在最近具备医疗救治条件的镇江站停车，列车长在指定停车站将疑似病人、相关资料物品移交车站，车站向卫生防疫部门办理移交。卫生防疫部门根据疑似病人情况组织后续救护服务。

③情绪安抚服务：列车工作人员尽力安抚疑似病人，稳定旅客情绪，维护现场秩序。

④应急保障服务：列车工作人员查访旅客，了解疑似病人个人信息、发病经过和饮食饮水情况，调查食物中毒原因及毒源，做好询问记录，收集旁证材料。调查发现，疑似中毒人员都食用过列车上售卖的卤鸡腿，列车长立即停止列车食品供应，并通知车上旅客停止食用可疑中毒食品。

(2) 对造成或可能导致食物中毒事故的食品采取的临时控制措施

①封存造成食物中毒或者可能导致食物中毒的食品及其原料、加工工具。

②对疑似病人使用过的餐具、器具、物品集中保管，以便化验。

③收集中毒人员的呕吐物、排泄物，等待卫生监督人员到场查验。

④因不能排除是列车供应食品所致，故列车长立即停止列车食品供应，追回已售可疑食品，通知旅客禁止继续食用，防止事态扩大。

⑤配合卫生防疫部门进行调查，按卫生防疫部门的要求如实提供有关材料和样品。

知识拓展

一、旁证材料实例

2024年1月1日10:25，我从锦州北站上车乘坐G××××次列车去××站，席位号是4车1F，快到××站前，约11:15的时候，我正要去洗脸间洗水果，走到旁边也就是×号时，看到××号的女性旅客刚端着泡好的方便面往自己座位走，我赶紧侧身给她让了让，当她刚准备端着面坐下时，自己手摇晃了一下，面里的开水就洒在她左手臂上，我和旁边座位的两旅客立即找到乘务员，后又与列车长取得联系，经列车长广播寻找医生进行了简单救治，因天气炎热温度较高，怕被烫伤的手臂发炎，因此列车长提前打电话与××车站联系，到站后将这位旅客交与××站送医院治疗。

以上是我亲眼所见。

××省××公司：李××

证人姓名：李××

性别：女

年龄：25岁

联系方式：13××××××××

身份证号：21××××××××××××××

地址：××市×××路×××号

二、谈话记录实例

2024年1月1日，G×××次列车上，李某的手指被旅客刘某压伤，乘务员对受伤手指处理完毕后，与李某进行谈话并做好记录。记录如下：

谈话记录(受伤旅客)

时间：2024年1月1日××时××分至2024年1月1日××时××分

地点：×次(××站至××站)列车餐车

谈话人签名：<u>李某、张某</u>　　工作单位：<u>××客运段××组</u>

记录人签名：<u>　张某　</u>　工作单位：<u>××客运段××组</u>

被谈话人：<u>李某</u>　性别：<u>男</u>　年龄：<u>××岁</u>

籍贯：<u>××省××市××县</u>

身份证件种类及号码：<u>×××××××××××××××××</u>

现住址：<u>××省××县××街××号</u>　联系方式：<u>×××××××××××</u>

问：我们是××铁路局集团公司××客运段××班组的列车工作人员(表明身份出示工作证件)，现想向你了解今天发生在××次(××至××区间)列车上你被车厢过道门夹伤手指一事，你愿意吗？

答：愿意。

问：请你实事求是地反映问题。

答：好的。

问：请问你的姓名、年龄、单位、住址等基本情况？

答：我叫李某某，男，汉族，初中文化，××年××月××日出生，户籍所在地××省××县××镇××村××号，单位为×××××××××，现住址××省××市××街××号楼××号，联系电话×××××××××××。

问：你是从哪里上车的？到哪里去？购买的是什么车票？

答：我是从××站上车的，准备到××去，我的车票是××次××至××站××车××号。

问：你今天在列车上发生了什么吗？

答：我的手指被卫生间门夹伤了。

问：好的，请您把受伤过程叙述一下。

答：今天，我从××站上车后一直坐在座位上玩手机，直到车从××站发车不久。我想去上趟卫生间，就从座位上起身，走到车厢过道上，来到卫生间时，卫生间门是关着的，我前面有一个年轻的男旅客正在前面走，他把卫生间门打开后，随手用力把卫生间门重新关上。我看到他想关卫生间门，急忙用手去挡住，但他用的力气太大，把我的手指夹伤了。我的手指当时就破了，流了很多血，止都止不住，我当时疼得蹲到地上了。这时正好过来一名女列车员，她看到我握着手蹲在地上，周围流了很多血，连忙帮我扶到乘务间，并叫来了列车长。列车长和那名女乘务员找来医药棉纱和止血药，帮我把手指包扎起来，并给我受伤的手指拍了张照片，同时带我在×车厢找关门那名男旅客。

问：你现在能认出关门压伤你手指的那名男旅客吗？

答:能,就是刚才列车长和我一起找到的那名男旅客,当时他穿着一件黄色的卫衣,我记得非常清楚,我手指被压时,他还回头看了我一眼。

问:当时还有什么人在现场看到了你被压伤的情况?

答:当时好像有一名女旅客在打开水,看到了我被压伤一事。

问:你的手指压伤得严重吗?

答:刚压伤的时候很痛很痛,流了很多血,你们帮我包扎后,现在好多了,手指关节现在也能活动了,骨头应该没有压坏。

问:对这件事你有什么要求?

答:非常感谢你们列车工作人员,你们的服务很好。我的手指受伤了,下车后我还要去治疗,我要求压伤我手指的那名男旅客赔偿我一部分的医药费,别的我没有什么要求。

问:好的,我们将把你的要求向那名男旅客反映,如果他愿意赔偿你的部分损失,你们可以进行和解。如果协商不成,你们可以通过司法途径进行处理。

答:好的。

问:你以上所说的是否属实?

答:属实。

问:你阅读下记录,看是否与你所说的相符,如果你无法阅读,我们可以读给你听,如果没有错误,请你在记录上签名、按印。

答:好的。我自己可以阅读。

以上记录我看过,与我说的相符。

(签字)李××(捺手印)

2024年1月1日

三、和解协议实例

在"谈话记录"案例中,最终在乘务员的调解下,受伤旅客和第三方旅客达成和解,签订和解协议,协议内容如下。

和解协议书

甲方当事人:李某某

性别:男

年龄:43岁

联系电话:××××××××××

现住址或工作单位:××省××市×街××号楼××号

乙方当事人:刘某某

性别:男

年龄:31岁

联系电话:××××××××××

现住址或工作单位:××省××县××街道××号楼××号

事由:刘某某伤李某某手指

简要情况:2024年1月1日×时许,××次(××至××站)列车在××车站开出不久,××号车厢××号座位旅客刘某某从×号车厢去×号车厢时,在关卫生间门时,将××车××号座位旅客李某某的右手食指压伤,以上事实有刘某某、李某某两人的亲笔证言,列车员赵××的证词等证据证实。

经协商,双方自愿达成协议如下:

1. 乙方刘某某向甲方李某某当面赔礼道歉;
2. 乙方刘某某自愿一次性赔偿甲方李某某医药费损失共计人民币500元整。
3. 今后双方互不追究对方任何责任。

履行期限:当场履行

履行方式:口头赔礼道歉,并交付人民币500元,大写伍佰元整。

本和解协议书经双方当事人签字(或者涂手印)后,即发生法律效力,双方当事人应积极履行本协议,达成和解协议后不履行的,当事人可以就民事争议依法向人民法院提起民事诉讼。

本和解协议书一式三份,存档一份,双方当事人各一份。

甲方当事人:李某某　　　　　　见证人:×××　　×××

乙方当事人:刘某某

参 考 文 献

[1] 吴荣波,范先云,王志刚.高速铁路动车组乘务实务[M].成都:西南交通大学出版社,2020.
[2] 单继琴.高速铁路动车乘务实务[M].上海:上海交通大学出版社,2019.
[3] 潘和永,郭红芳.铁路客运乘务实务[M].上海:上海交通大学出版社,2020.
[4] 王艳艳.高速铁路客运安全与应急处置[M].北京:中国铁道出版社有限公司,2021.
[5] 隋东旭.高速铁路动车乘务实务[M].北京:北京交通大学出版社,2021.
[6] 《铁路车站客运业务知识》编委会.铁路车站客运业务知识[M].北京:中国铁道出版社有限公司,2023.
[7] 《动车组列车乘务工作导读》编委会.动车组列车乘务工作导读[M].北京:中国铁道出版社有限公司,2019.
[8] 《武汉铁路局客运岗位作业指导书》编委会.武汉铁路局客运岗位作业指导书:列车部分[M].北京:中国铁道出版社,2016.
[9] 裴瑞江,陈瑜.铁路客运规章业务[M].2版.北京:中国铁道出版社有限公司,2023.